亦师亦友

家长可以这么当

毕新 / 著

中国人民大学出版社
·北京·

前　言

　　生命是一个常数，或长或短，人的一生大都只有数十年的时间。而生活本身是无常的，生老病死，事情的发展往往出乎我们的预料。"尽人事，听天命"，原本是生活中该有的态度。

　　生命本来也应该会绽放出很多不同的姿态，各有各的精彩，但是随着网络和信息时代的到来，我们每个人被趋同的信息所塑造、所驱赶，价值锚定越来越趋同，奋斗目标越来越一致，孩子的发展路径规划越来越单一，导致"只见树木，不见森林"，忘了教育本身是关于人的成长，而不只是升学和分数。上学、考试和升学是教育的手段和过程，而不是教育的目标。我们也应该时刻警醒，不要妄想人人都能够用有限的生命去追求无限的可能和成就，而应该专注于生命本身的质量和当下的精彩。

　　如果您正在寻找一本讲述如何"教育"孩子的书，这样的书在书店可以找到很多。本书的着眼点不在孩子身上，而在于作为父母的家长身上，这是一本关于家长如何进行自我成长的书。也就是说，为了孩子成长，我们不应该总是把眼睛盯在孩子身上，而是要深刻地认识和反思自己的言行是不是有利于孩子的成长。同时，可以认真思考一下孩子的成就和孩子健康成长终身幸福本身，哪个更重要。这似乎是一个答案显而易见的问题，却也是一个往往在忙碌的现实中被本末倒置的问题。

只有曾经爬过山的人，才知道登山之艰辛；只有经历过波涛汹涌的人，才知道大海浩瀚之下的凶险；只有曾经陷入痛苦中的人，才理解正在苦难之中的他人的感受和心理。老话说得好，"不当家不知柴米贵，不养儿不知父母恩""未经他人苦，莫劝他人善"。我在开启这本书的写作的时候，还很肤浅地为自己的所谓教育方法而沾沾自喜。但是随着写作的进行，我自己随着孩子的成长而成长，我听到、看到越来越多的生活中的故事和案例，我更多地认识到"父母之道"的重要性，才意识到之前的自己是多么的肤浅，也意识到很多做父母的人确实需要帮助，从当前的痛苦、纠结、焦虑的育儿状态下解脱出来。

在养育儿女这件事上，尤其是在这个多元复杂多变的时代，需要为人父母的我们具备多方面的知识。其他的一切都可以在实践中学习，都可以通过失败的教训来学习，唯独在孩子身上，我们承受不了失误可能带来的沉痛代价，需要我们前置地、有效地通过知识的学习和经验的学习来充分地武装自己，而不是当事情到了不可挽回的局面以后空留余恨，悔之晚矣。

只有养了娃，才知道个中滋味，如鱼饮水，冷暖自知。如果养育是一个数学公式，假设孩子未来的成长发展是等号右端的因变量，那么孩子就是这个公式中最重要的一个自变量，家长和环境中的各种因素，社会和经济发展等宏观因素，也都是重要的自变量。如果孩子的表现和行为不如预期，那未必只是孩子的问题，解决问题的钥匙也许在其他地方。

父母在养育过程中会本能地调动自己最大的资源，提供条件满足孩子的成长，以使他们能够有一个最好的未来。父母之所以这样做，尽管会有各种社会和经济因素要考虑，但是归根到底，是源于父母对孩子的深深的爱。这种爱既是我们亲子两代的舐犊之情，也是根植在我们基因之中的驱动力。因为未来是我们未知和不能把控的，所以我们都试图把控现在，以期通过控制各种自变量，得到一个想要的因变量。暂且不说是否可以通过控制自变量得到一个未来的因变量，我们首先要考虑的问题是：在这些自变量中，你能"控制"和"把握"哪一个？

也许为人父母的人，在自己成长的道路上也曾经一帆风顺、一路阳光（但更多时候可能是我们忘了自己小时候遇到的各种困难和做过的糊涂事），在自己的工作领域或者生活中各有精彩，但是在教育孩子这件事情上，所有的家长面临的痛苦和挑战都是相似的。自身发展成功的人（如高学历和身居高位者），未必一定懂得如何和孩子相处，未必懂得如何教育孩子，未必能够复制出一个可以延续父辈道路的孩子。

托尔斯泰《安娜·卡列尼娜》的开篇语非常震撼:"幸福的家庭都是相似的,不幸的家庭各有各的不幸。"我要把这句话借来改一改:"亲子教育顺利的家庭各有各的不同,但是亲子教育不顺利的家庭都是相似的。"我这样讲,是想说教育本身就是非常复杂的事情,孩子的天性和发展可以多种多样、百花齐放,但是那些面临困境的家庭所呈现出来的共同规律,可供我们为人父母的互相借鉴。

在本书的语境中,这个"孩子"是具体的孩子,这个"孩子"既有儿童的一些共性,但更多的时候会表现为具体的个性。除了读过心理学专业的人以外,似乎没有哪位家长在自己上学的过程中学习过发展心理学或者儿童心理学的知识,可能也并不是每一位基础教育阶段的老师都学习过这些专业的心理学知识。除了对于孩子发展的共性缺乏了解,我们在面对自己的孩子的个性的时候,在孩子成长过程的不同阶段,也往往会一头雾水,茫然失措。

孩子的教育,是一门实践的学问,也是一个非常复杂的动态过程,更是一件仁者见仁、智者见智的事情。教育不但承载着一个孩子的成长,也关切到一个家庭的发展,关乎国家和社会的未来。所以教育也总是成为一个热门话题,也总是容易引起争议。

教育中的主体,在家里是被家长教育的孩子,在学校是被老师教育的学生。在这个主体所处的环境中,有各种各样不同的变量,虽然孩子可能本身有自己发展的轨道,但是孩子在成长的过程中就像宇宙中的小行星一样,每一次意外的碰撞都可能会改变运行轨道,例如某一位老师、某一位儿时的伙伴,甚至有时候就是一件事或者一句话。我们做家长的,每天忙忙碌碌地把所有心血都倾注在孩子身上,就是希望他们通过今天的努力和奋斗,为未来赢得更好的发展机会,过上更好的生活(起码比我们自己现在过得好,或者至少不会更差)。

对于未来的未知本来就是横亘在家长心头的一座大山,网络信息时代过载的信息,又不断地裹挟着焦虑的泥石流奔腾而来。我们不能替代孩子去学习、去成长,如果孩子"罢工""熄火",我们就会变得手足无措,甚至着急而愤怒;我们也不能去影响和改变学校的运行,去影响和把握每一位教师如何教学和如何教育孩子。因此,在教育生态的不同角色中,我们能够把握和改变的,只有我们自己。

在孩子的养育和教育上,没有人是无师自通的,我自己也在不断踩坑的路上磕磕绊绊地前行,在养育孩子的道路上,既经历过因孩子的成长而欢喜不已,也经历过艰难的日子彻夜无眠。要想做好孩子成长过程中的支持平台和坚强后盾,我们自己就要成为"成熟"的人。就像我所尊敬的一位智者所发问的:"你是一个成年人,但你是一个成熟的人吗?"我们也要常常问自己这个问题。只有我们成为成熟的成年人,才能够成为孩子的定海神针,成为他们真正可以依靠的人,学会有智慧地处理养育孩子过程中发生的问题,采用正确的养育理念。

在我成长的20世纪80年代,人们还在讨论80后的种种标新立异,对于80后的很多言行颇有微词。然而时光飞逝,80后的人都已经为人父母,而90后也已经三十而立,成为职场中的骨干,00后即将大学毕业走入社会。2010年以后出生的孩子们，目前正是小学的主力军，是广大80后家长甚或90后家长的"吞金兽"。面对在数字网络时代出生并深度浸润在信息中长大的新一代，或者叫作"数字原住民"，我们这些70后和80后的"数字移民"从自己成长过程中所总结出来的学习经验，在新一代孩子身上似乎失灵了；我们小时候虽然物质不怎么富足，但是身上所具有的那些积极的、自主自发努力的精气神，在现在孩子的身上似乎很少看到了。现在的孩子大多衣食无忧，也往往对于学习等事情缺乏动力。如何才能驱动当今在富足生活中出生并长大的孩子，是一个值得深思的问题。这些教育现象背后有什么样的心理学规律，相应的内容可以在本书第二章找到。

"鸡娃"的做法对吗？觉得不对但是总有不得不为的感觉？值得注意的是，我们目前遇到的学生学习动力不足的问题，其他经济发达国家很多年前也遇到过。在不同的国家、在同一国家的不同经济发展阶段，家长的养育行为方式也会体现出某种规律性的变化，这很有意思。也就是说，虽然每一位家长、每一个家庭对于孩子采用何种教养方式，看起来是非常个性化的，但是通过宏观的数据统计，却发现了一致性，这背后有着一定的经济学规律。你的教养方式是哪一种类型？我们看到那么多中国家长都呈现出一种对于教育的焦虑并采用了"鸡娃"竞赛的教养方式，这到底是出于一种个人的不理智，还是有其他背后的深层次原因？具体内容在本书的第三章。

学校下午3点多就放学，然而越来越难的考试和升学"内卷"

压力，让家长们或主动、或被动地陷入无休无止的课外学习接接送送，甚至成为陪读大军的一员。2021年8月末，就在本书还在撰写过程中，教育部门也看到了家长们的困难，快速地落实了"双减"政策。对于此，我觉得很宽慰。因为这本书主要的观点就是客观地接纳孩子，主动地接纳自己，学会如何从心态和理念上控制焦虑，更好地陪伴孩子成长。但是，中考的压力、高考的压力还在，我们该如何应对？

对于世人眼中的"成功人士"，如果回顾其成长过程，人们总是可以总结出若干的关键步骤或者要点，以为只要这么做就可以复制出另一个"成功的人"。殊不知人的成长是最复杂的事，除去天生的生物学因素，家长、亲属、朋友、老师都是孩子成长中的重要因素，随着孩子的长大，偶然经历的一个事件，也许就可能改变孩子一生的轨迹。另外，从生物学的角度，下一代就是要和上一代有所不同的，或者说"不听话"的，这是保证人类不断繁衍并发展的重要机制。这也是不管父母多么成功，都无法在孩子身上复刻自己成长路径的原因。

这本书并不是"育儿成功学"，因为孩子的未来首先掌握在他们自己手中，其次对于所谓成功，也没有一定的标准，更何况孩子们的未来，正是我们的中年和暮年。我们小的时候想象不出现在的世界，我们现在也不能准确预测孩子们成年后的世界。很多家长被网络上贩卖的焦虑所影响，担心自己的孩子未来会经历所谓的"阶层滑落"，还有很多家长困惑于自己孩子的学习能力似乎总是比不上自己小时候。如我们之前所介绍过的，我们天然的出于对孩子的爱，而不得不对他们的当下作出必要的安排。但在这个过程中，是否一定会"龙生龙，凤生凤"？自己的成功经历是否一定会被孩子所复制？父母都是985高校的毕业生，孩子是否一定可以读985高校？如果孩子做不到，是不是一件很没有面子的事？在本书的第四章，通过对于"均值回归"相关理论的学习，或许可以稍微缓解一下我们的焦虑，或许也可以帮助我们挽回一些作为家长的面子。

焦虑无处不在。你在朋友圈里看到的，到处都是"别人家的孩子"，为此，也许你也隐去了自己教育孩子过程中的种种痛苦之处，选择将孩子闪光的一点发在了朋友圈，聊以安慰自己一颗烦乱的心。作为一名普通家长，我也曾承受过这无处安放的焦虑和痛苦。甚至现在，当孩子的言行并不如我的预期时，我仍然不由自主地会产生一些沮丧和生气的情绪。

幸运的是，我可以向我的专业求助，从心理学的角度去寻找解决方案。心理学不能直接给出答案，因为每个孩子都是那么的不同，每个孩子的家庭、文化背景和父母都是那么的不同，但是心理学是一把钥匙，可以帮助我们找到适合的钥匙来打开问题之锁。同时我们要牢记，"纸上得来终觉浅，绝知此事要躬行"。心理学教会我们首先要具备将孩子作为独立人格的"人"来看待的意识。从本书的第五章到第十章，我将会以心理学的知识为基础，和大家一起探讨养育过程中的几个关键问题，例如动机、情绪和压力等。

有人读了很多书，学了很多道理，但是一到具体的情境中，还是一瞬间就忘了。有朋友和我聊天时曾说过陪娃学习的三个阶段：第一个阶段就是告诉自己要做到书上说的"温柔而坚定"；第二个阶段血压开始上升，但是还是能控制得住；到了第三个阶段，情绪的"火山"爆发了。我要跟大家分享的是，情绪是我们人的大脑的一种高级生理机制，情绪的产生是自主的、不可控制的，但是情绪是可以调节的，应对的行为是可以调节的。本书也会谈到家长如何学会控制情绪，避免产生自动化的不当行为，养成积极的应对行为。

孩子是上天送给我们的镜子，用来照出我们自己。如果你具备足够的能够内省的心，从孩子言行的细微处，你是可以看到自己身上的缺点的。孩子也是我们最好的老师，如果我们懂得和孩子一起成长的话。孩子甚至是上天派来拯救我们的"小天使"，通过他们的眼睛和行为，我们能够更好地认识自己的不足，让自己变得更好。我们所要祈求的，就是不要让孩子在承受了过度的压力和磨难以后，才触动我们的心，才让我们反思自己的言行。

信息过载的时代，几乎所有人都已经无意识地习惯了快速抓来几个知识要点，而不大有深究和慎思的愿望。如果您想学几招去管孩子，那么这本书也许稍微有点用。如果您是来学成功经验的，那么我要诚实地说，这本书更多的是关注于孩子的健康成长，而非"学霸式"的单一成功标准。我也还在摸索和学习的过程中，这本书是我目前阶段的学习和养育日常中的感悟和分享，并不具有成为操作手册的威力。有的孩子不用人管也非常优秀，同时，对一个孩子管用的方法，对另一个孩子可能没什么用。所以，只停留在方法层面，我个人认为是没什么用的，也不鼓励大家照猫画虎。

我读书比较杂，读书杂的一个好处就是在不同领域之中发现有相通之处，进而由知识的积累上升到智慧的揭示。这本书从日常经验开始，进入逻辑分析的层面，进而试图通过专业的学科知识，例如心理学、教育学、经济学甚至古老的神话学，来给我自己和同辈的家长们带来一些可用的参考。这本书也许不能直接帮助您解决问题，我也不希望您盲目相信和简单应用本书中所介绍的心理学理论。希望通过您的阅读和思考，本书中的内容可以为您带来某些启发，从而更好地帮助您思考自己的问题的解决之道。

这本书不是为了孩子的未来而写的，而是为了为人父母的我们的此时此刻而写的。

希望这本书能够给你带来平静。

目　录

第一章　你能把握和改变的只有你自己　001
　　教育是非常个性化的　004
　　教育也是经济学现象　006
　　从生物学角度来看养育　009
　　考大学是家长的主要焦虑源　011
　　改变从自我做起　014
　　学校里没有"如何做父母"的课程　015
　　做家长是需要不断参悟和修持的　019
　　"无招胜有招"，但先从"有招"开始　022

第二章　教育现象背后的心理学　027
　　允许，还是禁止？　029
　　理念、方法和理论　031
　　不要将教育手段和教育本身相混淆　033
　　教育的"内卷"现象　035

	一篇微信推文引发的争议	039
	是什么造成了争议？	043
	马斯洛的需求层次理论	046
	专断、放任、权威和忽视型父母	052
第三章	教育现象背后的经济学	055
	如何看待教育、家庭和社会的关系	056
	家庭模式的变化	059
	"冰箱父母""直升机父母"及"冰壶父母"	060
	家长教养方式背后的经济学动机	064
第四章	统计学与教育期望设定	069
	"小天使"时期：一切都那么完美	071
	小学：突如其来的学业压力	074
	父母角色的调整	075
	两个既有认知的改变	082
	均值回归	085
	调整自己的教育期望	088
第五章	教育中的本和末	093
	为了什么而读书？	094
	学习是什么味道的？	096
	需求，也是动机	098
	石匠的故事	099
	三个强盗的故事	100
	由内而外的思维方式	103

	黄金圈法则对家庭教育的启示	107
第六章	爱与关注	111
	做园丁，还是做木匠？	115
	静待花开，但不是撒手不管	116
	无条件的深深的爱	119
	兴趣、信心和能力的培养	128
	假如通过时光旅行回到童年	137
	不要让学校的压力在家里扎下根	139
第七章	家长要做好情绪管理	143
	认识压力	146
	压力的脑机制	149
	你的陪伴是支持还是压力？	153
	解决好自己的负面情绪和压力	155
	觉察、阻断和改变	158
	警惕"信息茧房"	163
	控制自己的怒气	164
	做笃定的父母	170
	着眼未来，立足当下	173
第八章	帮助孩子学会应对压力	177
	小孩子就没有压力吗？	180
	孩子的压力源	182
	正确认识并高度重视睡眠	184
	压力是焦虑的根源	188

    增强可控感可以有效减少压力 189
    "最近发展区"理论与"支架父母" 193
    构建良性亲子关系 195

第九章 如何应对手机等电子设备 199
    手机的使用 200
    认知系统和情绪系统 203
    心理学可以帮助我们 205
    经典条件反射 209
    操作性条件反射 210
    行为养成 211

第十章 激发学习动机 215
    鸡飞狗跳的作业时间 216
    越催越慢，再催熄火 217
    管孩子是个技术活儿 218
    SMART原则 221
    从游戏设计里学习动机激发 223
    为未来而学习 225

后 记 229

第一章
你能把握和改变的只有你自己

若不撇开终为苦,各能捺住即成名。

——佚名

先从身边的两个小故事开始吧！

这是我听到的一件真实的事情。在2020年初新冠肺炎疫情暴发的全民居家隔离期间，在苏州有一家三口，孩子放寒假的时候先回到了武汉老家，而父母因为要等到春节放假才能动身，所以被临近春节的疫情耽搁并滞留在苏州。就这样，在武汉老家，孩子和家里的一众亲戚生活在一起。结果疫情期间的居家隔离中，全家人的焦点都集中在这个孩子身上。孩子大大小小的事情，包括生活的、学习的，都被家里人无微不至地"关怀"着和"关注"着。我们可以设身处地换位思考，感受下这个孩子的压力。

第二个小故事是从朋友圈看来的。有一天，一位朋友突然在微信上很幽默地宣布放弃自己之前对于家里大娃弹钢琴的经验总结，因为他现在认为大娃之所以钢琴弹得好简直就是命中注定，而自己家里的二娃已经放弃钢琴了。当然，朋友这么说是由于他本身就常有的幽默的语言风格，而二娃也有很厉害的其他特长。我觉得这是一个很经典的案例，来说明所谓"培养"和"教育"的有效性。同样的父母，同样的培养方式，同样的家庭环境，两个孩子在同样的乐器学习中可以有那么大的不同。

谈及教育，我们往往把目光投射到孩子身上，因为孩子是整个教育生态的主体，是教育理念的被实施者，是学习成绩的体现者。家长和老师尝试各种办法，试图让这颗"卫星"进入我们所设计的轨道中。我们所希望的，就是通过我们不断地讲道理，不断地教育，让孩子的行为按照我们预设的方向发展。但残酷的事实却是，很多时候，孩子的行为往往和我们的期望有所偏差，这会让我们感觉很沮丧，不断问自己问题到底出在哪儿。我们不一定能够认识到或者愿意承认，除非孩子自己愿意采取行动，否则不管家长还是老师所给予的外部推动力或者外部约束力，都是徒劳。

当一个孩子的身上出现"学霸"的特征，其他人往往带着羡慕的眼光去请教"学霸"的父母是如何培养孩子的。但生活中的事实是，即使是同一对父母生出来的两个孩子，同样的家庭环境，同样的养育方式，但是两个孩子的性格、脾气、喜好可能完全不同。从一个孩子的身上总结出来的经验，可能对于另外一个完全不适用。

想一想也有道理，我还记得在疫情期间看到的一幅新闻画面：在疫情居家线上教学时期，有一个孩子坐在爸爸妈妈所经营菜摊的案板下面捧着一个平板电脑在上网课。但就是这样一种认真上课的状态，不知道要羡煞多少父母，因为不知道有多少家庭条件优渥、衣食无忧的孩子，恰恰在学习方面表现得不尽如人意。

教育既是微观的事情，也是宏观的事情。教育既关切个人发展，也关乎家庭的传承发展，同时，也是我们国家和未来之所在。看教育，就像看一面多棱镜，从不同的角度，从不同的立场出发，会看到不同的东西。而每一个孩子都是一颗钻石，具有丰富多彩的多个面。

教育是非常个性化的

从微观层面来讲，教育是非常个性化的。

在这样一个人人关注教育的时代，谈教育问题或多或少需要一些勇气。因为教育既和每一个人相关，又总是可以唤起人们对于自身教育的种种经验、感受和记忆，由此激发出各种各样的情绪。而教育又是和人本身相关的，人本身的复杂性，叠加当代快速的社会发展和环境要求，让每个人对于教育都有着自己的看法、期望、理解和日常行为。

我曾经在上海某著名大学承办的教育信息化论坛上分享了自己对于网络和数字化时代大学教育的一些思考，提出了我们需要考虑到数字化学习对于将来大学的挑战和需要进行必要的前瞻性探索，并小心翼翼地解释说我们并不是要否定现在的教育模式，而是要对未来进行必要的预判和准备。结果在我后面发言的一位老先生（该校校友）就很委婉地回忆了自己当年读大学的时候可以和教授见面，以及教授采用的批判性思维和讨论时的学习方法，意思是大学里面能够面对面地交流才是最重要的。也许是我多想了，我猜想老先生可能对于纯粹的在线学习不大赞成，但其实我也没有要否认大学校园对于学生的人际交往和沉浸式学术探讨的意义，只是提出了在线教与学趋势也是不能够回避的。

这是一个唾手可得的例子，用来说明不同的人对于教育的理解的不同。教育学虽然是一个学科，但是教育学学者似乎很难筑起自己的学科护城河并树立自己的学术权威形象，因为每一个人都可以对教育发表自己的观点。如果你谈论的是医学或者生物学，那么听众可能无法挑战演讲者，并往往被高深的专业知识所折服（至少很多专业词汇就听不懂），但是如果谈论的是教育的话题，那就是另外一回事了。

我有个朋友出了一本书，用的是笔名，我问他为什么不用自己的名字，他说这样可以避免麻烦。确实，在互联网时代，所有人都可以成为意见领袖，可以自由发表自己的看法。在这个时代，没有观点可能很安全，有观点的话却可能面临很大的风险，因为任何观点都会有对立方，进而遭到舆论的炮轰。其实观点无对错，甚至很多时候也不存在真正的事实，因为观点和事实取决于当事人的状况和利益取舍。如果想要对这一点有更深的认知，推荐大家去看日本导演黑泽明的一部老电影《罗生门》，从中可以深刻地看到对于同样一件事，不同的人基于不同立场和各自利益的不同解读。

即使抛开我们所面临的巨大的生活环境的变革，教育现象自古以来就是一个万花筒,"各花入各眼"。从逻辑上来说,我们的所想所思和一切的看法和判断,其实都离不开我们自己的经历、经验、认识,以及我们所接触到的信息,其中最重要的,是我们所处的位置和我们的需要。

教育也是经济学现象

从个体的角度看,我们要更多地从心理学的角度来看待孩子的教育和孩子的成长,每个人从小到大的成长过程是符合一定的心理阶段规律的。从宏观层面来讲,教育现象的背后,特别是父母采取何种教养行为,是经济学规律在发挥作用。人毕竟是经济人,经济学假设人是理性的,但是心理学家发现人常常是不理性的,丹尼尔·卡尼曼(Daniel Kahneman)的《思考,快与慢》和《噪声》对此有精辟的解读。人的很多判断往往是由某些脑机制决定的,例如卡尼曼所说的系统一和系统二。系统一帮助我们很快地作出大多数决定,但是有误判的可能和风险。系统二需要耗费脑力,所以系统二起监督作用,一旦发现系统一搞不定,系统二就会接管工作。举例来说,如果问1加1等于几,你会不假思索地说"2",这时工作的就是系统一。但如果问你,34乘以58等于多少,这时就需要你的系统二出来工作了。由于我们每天需要做出的决策太多了,因此大多数时候都是系统一在工作,这样的好处是节约我们的大脑认知资源,因为我们除了处理日常事务,还要密切关注环境中的变化,特别是有可能对我们造成威胁的事情，并快速做出反应。

每天在路上有着各种各样的人，使用着各种各样的交通工具。开车的人实在不用去指点骑自行车的人，骑自行车的人也不用教行人如何走路，行人也实在用不着对着路过的不肯礼让行人的汽车瞪眼睛。每个人都有自己的境况，有自己的选择，有自己的追求和计划。就像在教育这件事上，"佛系"的不用去批评"鸡娃"的，国际学校的也不用看不上国内公办学校的，大山里的孩子自然要想办法走出大山解决生存和发展问题，大城市的孩子自然会关注兴趣爱好并接受素质教育。

在《爱、金钱和孩子》这本教育经济学著作里面，作者马赛厄斯·德普克（Matthias Doepke）和法布里奇奥·齐利博蒂（Fabrizio Zilibotti）讲道："经济学是一门了解人们如何决策的社会科学，而作为父母做出的决策是我们人生中最重要的决策之一。父母总是尽最大可能为孩子在社会上立足做好准备，塑造孩子的价值观和行为，为他们应对未来的挑战做准备。而在这样做时，他们面对着各种各样的约束，他们可能富裕或者贫穷，辅导孩子完成家庭作业的能力或高或低，他们的工作或忙碌或清闲，对于孩子的了解或多或少，经济激励与约束（财务资源、能力或者时间）能够解释大部分父母的行为。"在讨论美国"直升机父母"为何兴起的时候，作者从家长对变化的经济环境的理性反应的角度进行了探讨。作者认为在众多的因素中，有两个因素值得被重视，就是收入不平等程度和教育回报率。简而言之，在收入不平等程度高以及教育回报率高的国家，家长们会更多地采取"密集型"教养方式。

　　这方面的一个例子就是美国，统计显示，美国人的收入水平相差很多，而且教育程度越高的人可以得到的收入回报越高，所以美国家长在"鸡娃"方面也是不遗余力。另外一个例子是欧洲的瑞典，人们的收入水平差距不大，有没有受过高等教育，对于人们的收入水平影响不大，因此父母在养育子女过程中就比较"佛系"。

　　马赛厄斯和法布里奇奥按照育儿过程中父母对孩子的响应度和对孩子的干预程度两个维度，将父母的养育行为分为四类。其中，不对孩子做出响应，同时也不试图影响孩子的家长被认为是"忽视型"的。不干预孩子的选择，但是对于孩子的要求高响应的父母，是"放任型"的。在另外一个维度，也就是干预孩子的选择的情况下，对于孩子的要求高响应的家长是"权威型"的，对于孩子的要求低响应的是"专断型"的，而这两类——"权威型"和"专断型"的父母教养方式，都可以称为"密集型"教养方式。

　　单个来看，每一个家庭所采用的教育理念和方式看起来都是随机的、个性化的，但是从统计学的角度来看，每一个时代的父母所采用的教育方式，背后又有着统一的时代背景和驱动力，有一些共同的因素在影响着他们的决策和行为，所有的教育方法背后都有着理性的考虑。有人忙着"鸡娃"，瞄着中国的985高校和世界名校，有人认为要给孩子宽松的学习生活；深山里的孩子想着走出大山，在城市里谋求自己的生活和人生改变。对每个人来说，自己的选择和做法也许都是对的，都是合理的。从生存、生活和发展的角度，我们要相信，作为人类的一分子，每个人都能够为自己作出正确的决策，每个人都在自己能够选择的范围内用尽全力。

这本书不是为了评判哪种观点和立场是对的，也不是为了探讨哪种教育方式是对的。我们一起尝试在这个网络化和智能化的时代，在这样一个信息过载和通信便捷的世界里，在这些纷纷扰扰的教育现象之下，有些什么样的东西是我们可以认知的，有哪些是我们可以把握并进而作出改变的。

从生物学角度来看养育

上述的所有这些不同，首先从生物学的意义上，保证了我们作为人类种族发展过程中所需要的多样性。对于任何一个生物群体，如果最终的生物特性都一样，那么可能一个突发其来的打击就可以让整个种族毁灭。想想我们可爱的大熊猫，其食物的单一就是这个物种面临的最大的威胁。而人类借由非常丰富的多样化存在，特别是基因的多样，几乎可以生活在地球上的任何区域，几乎可以适应所有的自然环境，并不断地茁壮发展。即使是强大可怕的病毒，也可能只对人类某一部分的群体有效，从而确保人类族群不会被整体毁灭，这就是生物多样性的好处。

另外一个事实是，当一个孩子出生的时候，并不能够决定自己出生在什么样的环境中。但是不管孩子出生在平原地区，还是高原地区，抑或沙漠地区，甚至是白雪皑皑的极地，孩子都能够生存并发展，这是由于我们人类的大脑在出生的时候就具备所有的基础功能。但是大脑的结构有非常强的可塑性，除了共有的天性以外，我们人类还可以根据环境的不同发展出不同的能力。这也是我们和动物最大的区别之一。动物的童年期往往非常短，很多哺乳动物的幼崽在出生后不久甚至刚刚出生就能够站立起来。想想我们人类的孩子，要过了1岁才能站立，对于那些刚出生就能站立的动物，我们真是羡慕。但与此同时，我们也观察到，这些童年期很短的动物，它们的大脑基本上是设定好了的，所以对于特定的环境非常依赖，如果换一个环境，就适应不了了。越是智慧的动物，童年期越长。这是因为智慧生物的活动范围非常大，所要面对的情况非常复杂。特别是我们人类，我们是依靠智力生存的，所以漫长童年期的大脑发育，就是为了适应环境而进行的准备。人类的不成熟期有十多年，这既是我们人类的最佳适应性优势，也是父母所必须面对的责任。

随着计算机和网络技术的不断发展，随着人类的科学能力的不断提升，特别是计算能力的不断提升，在网络技术的支持下，数以万计的位于世界各地的人们可以通过网络协作来完成一个共同的项目，例如一起设计火箭。而在之前，设计火箭一般来说是要举全国之力才能完成的事情。科学研究和技术发展，显然具备某种加速度，使我们人类的科技发展速度越来越快。

另一方面，因为人类大脑的不断发展，特别是大脑的可塑性，使我们可以成功适应大部分生存环境，能够快速地学习和继承人类已有的各种知识。但是同时，也因为适应环境并不断发展的天生的生物机制的作用，决定了人类的孩子其实并不完全听上一代的话。继承和发展，同时也意味着遵守已有的规则和创造新的规则。如果能够理解这一点，或者也能够想一想自己小时候和青春期的时候和父母之间的互动，也许您就能会心一笑。

考大学是家长的主要焦虑源

家长这个身份，是本书所关注的主题。家长的成长，是本书所强调的重点。佛学经典讲究"直指人心"，本书请大家把目光从孩子身上收回来，到自己的内心里去"观照"一番。我希望在我们和孩子的亲子关系之外，给大家提供一个新的视角，我们和孩子可以有不同的相处之道，建立一种更为平等、和谐的亦师亦友的关系。

我日常的工作非常繁忙，但我尽力做到晚上和周末的大部分时间陪孩子度过。曾经我以为自己已经做得很好了，后来又逐渐认识到其实做得还很不够。之前我自己认为的陪伴孩子，其实很多时候并不是真正的沉浸式的陪伴，而是一种形式上的陪伴，甚至总是给孩子一种"看，我在为你付出"的感觉，没有"真正"地陪着他们。这些陪伴让我自己感觉良好，似乎已经尽到了自己的责任，但是对于孩子来说，其实远远不够，孩子内心的需求没有得到真正的满足，特别是家里有两个孩子的，能够真正给到每一个孩子的时间和精力还要分为两份。有一定年龄差别的孩子的兴趣点和关注点是不一样的；同时，手足竞争，我们家经常出现一个要吃面一个要吃米饭的场景，这对于照顾孩子的大人来说，是一个常常会出现的挑战。

曾经的我对于孩子将来所要面临的激烈的高考没有清楚的认识。

我在大学工作。早年间我们大学刚刚建立，我也曾在本职工作之外，参与学校在各省的招生工作。我们学校在两三个省份前三年的招生工作都是我负责的，其他很多省份我也都有参与。虽然每年都和高考学生的家长有很多接触，但是我总觉得孩子考大学这件事离我们家很遥远，我也没有很认真地想过。

看到中国大学每年录取人数不断增加，每年都有数百万人之多，2019年甚至超过1000万人，官方报告出来的高考毛入学率是80%左右，这让我觉得考大学似乎不再是一件困难的事情，因为我当年考大学的时候大概10个人里面只有1个能够考上本科。

后来我才发现，以上的数字统计是基于高中在校生人数的。全国的高考毛入学率是一个宏观的统计数字，这里面存在地区的不平衡，同一地区存在学校间的不平衡。现实情况是，孩子们在初中升高中的时候，就已经经过了一轮分流，大概有一半的孩子是上不了普通高中的，因此也无缘大学。我的压力因此油然而生。

在写作本书的过程中，我诚惶诚恐，因为我和天下众多的家长一样，也实实在在还处于"只在此山中，云深不知处"的阶段。甚至在经过了反思以后，我认为我在孩子刚上学的时候其实是太乐观了，或者说简直是盲目的乐观。

由于我一直很重视孩子的阅读，因此孩子在上学前读了很多的书。我觉得只要阅读能力强，后面学习应该不是问题，因为具备理解能力以后，学习能力自然不会弱，只要孩子在学校跟着节奏走就好了。事实上，小家伙一年级、二年级成绩都不错，但是到了三年级，学习难度就开始提升了。随着孩子年级的不断提高，我发现，要么把他送进辅导机构，要么就得自己上阵，否则孩子学习起来是比较吃力的。

我选择自己上阵，我不想把孩子的所有时间都花费在上课这件事上。而在这整个过程中，我也经历了一个家长可能经历的所有场景，甚至有时深度怀疑自己还能不能坚持担负辅导学习的责任。有好几次，我觉得自己努力的成效不大而灰心失望，有一种内心力量被抽空的感觉，身心俱疲、情绪失控也是常有的事。

作为一名心理学博士，幸好我还不缺少自我反省的意识，于是我向心理学寻求解决之道。

我太太是一名资深的心理咨询师，很多年前我从她那里了解到一些伯特·海灵格（Bert Hellinger）的家庭系统排列治疗的知识。在海灵格家庭系统排列治疗里面，当事人和其他很多人（很可能是陌生人）会被要求遵循导师的要求，按照一定的方位和朝向站好，并用相应的语言问答互动，在这个过程中导师会进行引导和指导。当事人扮演自己，其他人扮演其家庭成员。我没有亲自参与过这样的治疗，但是从我看到过的录像和听到的经验分享中，我得知那些扮演角色的人往往都会很快进入角色。比如当事人要解决和母亲的关系问题，那个扮演母亲的人的语言和行为就真的很像当事人母亲该有的样子。而且根据反馈，这个当事人的家人，虽然没有参加过海灵格家庭系统排列治疗，但是在当事人接受过这次治疗以后，他们的行为也会发生变化。

我不由赞叹海灵格家庭系统排列治疗之奇妙，但同时也很困惑：为什么没有参加过治疗的人的行为也会向着积极的方向变化？这个问题困惑了我很久，直到有一次和一位亲戚聊天的时候，他很自然地告诉我，因为当事人自己的行为改变了，所以周围人的行为也会跟着调整。这句话让我有醍醐灌顶之感。

改变从自我做起

坦率地讲，我们能把握和改变的，只有我们自己。我们自己改变了，环境也会随着我们积极的变化而变得更积极。对孩子也是一样。如果我们仅把目光盯在孩子身上，对于他们的缺点、过错甚至很多时候只是太慢的动作进行批评、指责、讲道理、吼叫，用奖励诱惑、用惩罚威胁，其实都不太能从根本上解决问题。

解决问题的根源在作为父母的我们自己身上。但是人的眼睛天然地只能看到别人，却看不到自己。举个例子，我们家老二曾经每周的二、四、六三天下午要去上英语课，因为上课的地方比较远，需要开车送。周二和周四，孩子上课的时候我还没有下班，所以都是妈妈送，周六的时候，我送得比较多。一般我陪孩子去上课，孩子晚上6点下课，我开车回到家是6点30分左右。但是妈妈接送孩子每次回来都是7点左右，这样孩子下午放了学就去上英语课，回家还要吃晚饭，再做作业的时候就显得有点晚了。对于这件事我就有点不高兴，孩子妈妈说是因为堵车。我听了以后不以为然。

我自己对于常走的路线，甚至上班时办公楼之间单程的距离都会掐表计算以便掌握精准时间，所以对于妈妈每次都要花一个小时在路上，但是同样的路程我只要半个小时这个现象，我认为可能是妈妈的行车路线选择不合理。直到有一天，我送孩子上英语课，他进入教室以后，我在马路边散步，看着路上的车辆稀稀拉拉的，才突然明白：我每次来送孩子都是周六，周六没有下班高峰，从来不堵车，所以我回家所需要的时间短。

以上就是一个很好的生活中的例子，我相信您也可以通过思考找到很多这样的事例，来验证我们是不是习惯于把问题归咎于别人。

学校里没有"如何做父母"的课程

在这个信息爆炸的时代，书店架子上的书多得让眼睛看花掉。在京东上随便一搜索，单是教育类的书，总有成千上万种。当您拿起这本书，还能翻到这一页看看，这是咱们之间的缘分，也是改变的机缘。

现在社会上流行"佛系"的处事态度，但这个日常语境的"佛系"并不完全是佛学的真意。我理解的佛学，其实是很强调精进的，对于自己有严格要求，并能够有慈悲之心，也就是对世人有爱心（慈）和有同情心（悲）。"救苦救难"，做出改变，其实是有一种刚勇之气的。

孩子教育是每个家庭的大事，每次和朋友们吃饭，开头的寒暄各式各样，最终都变成了聊孩子、聊家庭。大家事业成功的原因各有不同，但是论起在家庭教育中的酸甜苦辣就不分伯仲了。

对于这本书我自己最早拟定的题目包括《"毕"竟有办法》《管孩子是个技术活》等，都是强调方法的，脱离不了学术思维框架，主要是想从认知心理学的角度，对于学习和教育发表一些个人的看法，分享一些感悟和实际经验，以及很大程度上，就像博士论文写研究综述一样，把儿童认知和发展领域最新的一些成果以通俗的语言进行总结和分享，以期能够让更多的和我一样的父母获益。对于我所引用的内容，限于篇幅在本书中不能全面介绍，推荐你有空的时候可以读读原著。

我记得很多年前看到卖生发水的店，店老板的头发都是乌黑浓密的，作为吸引顾客的招牌，低调地炫耀自己产品的有效性，而我在此时，还断然拿不出这一头"招牌黑发"来。我要坦诚自己没有在小学、初中或者高中的工作经验，没有办法很自信地说要让孩子如何如何，就只需这样这样。要说我已经是一个"成功"培养了孩子的爸爸吧，只能说目前还不是。不像那些已经读了世界著名大学的学生家长，在家长的圈子里已经"功成名就"了，他们现身说法，底气也足，可以自豪地打出"清华爸爸""北大妈妈"等招牌。我目前还只是两个小学生的家长而已，他们的人生之路才刚刚展开，还有无限的可能，而我作为家长"西天取经"的"九九八十一难"，才刚刚开始。所以在这本书中,我们家的两个小皮猴不是主角,他们也当不了代言人。我也不会过多地谈论他们,以免他们长大以后看到这本书埋怨我没有征得他们的同意,擅自发表言论。

我也处在学习如何做一个父亲的过程中。很多时候孩子做得不好的地方,我会反思可能是我自己的原因造成的;很多时候孩子突然又都做好了,我会想这可能是时候到了,他们年龄大了,自然就成熟了,可能与我无关。我的一位老友总是说我责任心太重,对自己要求过多,扛了过多的压力,我也总是笑而不语。

在这个信息时代,也许跨界的人往往能触及解决问题的关键点。我作为一个在高等教育界工作的人,因为自己孩子教育的缘故,无意间跨界到了基础教育领域,可能更会带着一些"以终为始"的视角。我看过太多的在校大学生,以及历年历届的毕业生走上社会以后的发展;每年当我接触到从学校走上社会的职场新人,以及他们不同的职业发展和成长情况时,便不由自主地去观察和思考一个人的学习和发展路径,并且是以"长期主义"的眼光来看待。

养孩子这件事太复杂了。在一个人的一生中,纵向来看,成长过程前后跨越二三十年,在这个过程中有社会的发展和时代的变迁;横向来看,每个人所处的环境中都充满了无数的变数。我们无法选择自己出生的家庭,也无法选择出生的孩子;很多时候,我们无法自由选择学校,也无法选择学校里的老师;人生的漫漫长路里,可能偶然遇到的一个人,都可以改变我们的人生轨迹。

即使是那些所谓的"成功者",也面临着很多科学研究所需要回答的核心问题,那就是:科研实验的结果是否可以重复?换句话说,某一个人的成功路径是否可以复制给另外一个人?我想答案是显而易见的:不能。这也是很多父母焦虑的根源,父母一代的成长路径是无法复制给自己的孩子的。另外,对于未来的不可预知性以及不可把控性,促使大家尽一切努力增强竞争力,以期在未来的竞争中占据优势地位。

在这本书中,我也会尽量避免去谈论学校的教育,这是另外一个非常复杂的话题,很容易引起热议甚至争议,一万个人会有一万种不同的看法。从本质上说,不管你如何持有自己的见解,你无法影响和决定孩子的学校如何运行,你无法影响当代的教育制度。同时,每个孩子都是独特的存在,我们所谓的"教育",更多的是一种影响,你很难完全像对待工作一样去对待孩子,期望像编写程序一样精准,一定的输入就能得到一定的输出。

与此同时,我们更要明白,孩子是我们的孩子,对于孩子的成长和成才,家长负有最终的和全面的责任。学校只是教育机构,虽然每个学校都在力争办出自己的特色,但是学校更注重的是宏观层面的教育公平。而在微观层面,学校也是由每个具体的人所组成的。既然也是由具体的人所组成的,就难免会非常多元化,学校里的一切不一定符合你自己理想的教育期望。

另外,最重要的是,每个学校的核心目标,都是为自己所处的那一个阶段的目标负责,小学为了小升初,初中为了中考,高中为了高考,在每个阶段都有中短期目标。而作为家长,我们所不能忘记的是，上学这件事只是孩子人生的早期阶段，并不是他们的一生。上学是为了未来在社会上立足并且能够幸福美满地过好这一生。上学是一段旅程，并不是生命本身，也不是人生的目标。让孩子们能够具备过好这一生的能力，就是我们家长的责任。

因此，这本书的立论根本，不是为了去改变孩子，或者去改变学校，而是把目光投向自己，力争改变自己，使自己尽可能地做一个"知其然，知其所以然"的父亲或母亲。这是在学校、孩子和自己这个教育生态的三者关系中，你唯一可以把握和决定的。我希望读了这本书，我们家长"取经之路"的痛苦指数可以降低一些。

学校里从来没有开过一门叫作"如何做父母"的课，而现在社会上也有希望"父母持证上岗"的言论。当然这只是一种表达方式，意思是成为父母之前要去学习相应的知识和经验，以避免因为缺乏正确的知识对孩子的成长造成不利影响。如果时光回到不久之前，在中国的大家庭时代，年轻的父母们在自己还是孩子的时候，可能就有很多机会看到家族里的大人们是如何带孩子和教育孩子的。但是随着独生子女一代成为父母，更多的时候，远离家乡在大城市打拼的年轻父母们，只能依靠书本的知识，或者来自上一辈的帮忙来养育孩子。从经验和知识的积累来说，不可避免地略显不足。

做家长是需要不断参悟和修持的

"事非经过不知难"。听教育专家谈育儿理念是一回事，自己面对家里孩子的养育和教育日常往往是另外一回事。

我曾经租住在一个老新村里。楼上人家到了晚上经常出现父亲暴怒大声吼孩子，以及孩子凄惨的哭泣声。我的孩子当时刚出生不久，正是甜蜜温馨的时候，当时我心想，这个父亲多么差劲啊，对自己的孩子这么凶。我自己孩子的幼儿园阶段也都过得"风调雨顺"，其乐融融。直到孩子上了小学，我才知道世上还有辅导作业这么痛苦和令人绝望的事情。当拖着疲惫的身体从办公室回到家，还要不断地在家长微信群里反复看，辅导、督促甚至还要检查孩子的作业，我也曾经历了多次情绪失控，对着孩子大吼大叫，事后又内疚不已。这时才明白多年以前那个父亲，可能并不像我想的那样不爱孩子，而是没有控制好自己的情绪。

时间过得很快，一晃就到了2020年。新冠肺炎疫情的暴发促使全家人一起居家两个多月，虽然在此期间我的工作甚至变得更为忙碌，但是毕竟在家和孩子朝夕相处，这让我对孩子有了更多、更细致的了解，促使我开始用不同的视角来思考亲子关系。

机缘巧合，我曾在寒山佛学院有过三年讲授心理学课程的经历，也促使我对于佛教的正见和"戒定慧"有了一些粗浅的认识。在我因为各方压力都很大，出现了偏头疼的症状以后，又是机缘巧合，我接触到了正念。正念的接触和学习，发挥了积极的作用，令我的情绪控制能力得到极大的提升，而且能够明显地感觉到脑颅内压力的下降。当自己的情绪更为稳定以后，在和孩子的相处中，我也慢慢地越来越富有耐心和同理心。随后，我看到孩子很快变得更懂事、更主动、更会关心人了。老师们从学校不断地发来反馈,说孩子进步了。

在此之前,并不是说我不够耐心,而是我后来反思发现似乎总有一个临界点,在这个点之前可以勉强保持情绪稳定,突然之间就不知道被什么给点燃了,开始大声批评孩子,书上说的"温柔且坚定"荡然无存。其实,坏情绪的爆发并不是让我感觉最糟糕的,这种一直坚持着不爆发但是最终功亏一篑的感觉才是最糟糕的。我后来反思,我发脾气的时候往往是在晚上10点以后,或者是当天非常疲劳的时候,这个时候自控力比较差。我也和孩子们认真地谈了谈,警告他们我非常疲劳的时候是"高危时刻",如果看到情况不对,让他们赶紧溜。再后来我自己也学会了下班回家前先在办公室静坐一会儿,先把当天所有的情绪都处理好,并且让自己的精神放松以后再回家。回到家,就尽量忘掉白天的一切,即使回家以后还有一些工作上的电话会让人烦心,我也有意识地控制情绪并随时清空焦躁情绪,不让家庭生活被工作上的事情所干扰。

心理学著作,包括最新的一些大脑认知方面的研究成果是值得做家长的人阅读并积极应用到教育实践中去的。在这本书中,我会从"做父母"这件事的心理学层面来谈一些自己的看法,分享一些读书后的感悟,以及提供一些心理学角度的见解,希望对各位家长有所帮助。

每一片叶子都是不一样的,每一个孩子都是不一样的,每个孩子的每一天都是不一样的。作为一个就读过心理学专业的人,我其实特别怕有人问我类似这样的问题，例如：为什么孩子早上起床拖拖拉拉？为什么孩子不喜欢刷牙？要不要给孩子多报几个兴趣班？要不要上课外辅导班？什么时候开始学英语比较好？等等。我并不是给不出答案，但是如果脱离了孩子生活的场景，甚至都没有见过孩子，其实这些问题是很难一概而论的。但是从这些问题中，我们可以看到和感受到家长需要帮助的迫切心情。

我自己对于书上给出的那些原则、信条等，也都是抱着谨慎和审视的态度的。从逻辑上来讲，不可能有一条准则适用于所有的孩子，如果教育实践可以这样简单有效，那么这个世界会更太平，天天都是父慈子孝而不是鸡飞狗跳，更不会出现"同一个话题，市场会出现数不清的图书"的情况。更何况还有很多的教育类书籍本身就是从国外翻译过来的，在不同的文化背景下，不同种族的孩子当然会有差别，一种文化中的实践是否在另一种文化中同样适用？更何况在中国这个幅员辽阔的国家，每个省份、每个城市的文化、传统、经济发展、教育发展情况都不一样，因此更别指望着靠书上给出的几条建议就能做好家庭教育了。

"无招胜有招"，但先从"有招"开始

就像《笑傲江湖》里的故事一样，真正的顶尖高手出手的时候都是无招的。但这个无招，就是来源于对"有招"的钻研和苦练。先得练习扎马步这样的基本功，才能学好剑招，进而在实战中出神

入化，随手一指就能克制对手。在本书中，这些招式就扎根在严谨的心理学、教育学甚至经济学研究之中，但是其应用"存乎一心"，就看应用者的功力高低了。

我认为家庭教育也是一样的，不了解孩子的基本成长规律、认知和心理发展的阶段，不掌握基本的教育学原理，单纯地想学个"一招半式"的，那最好的结果不过是程咬金的"三板斧"而已。这些基于心理学的知识，就像是大树的根，支撑着树干和树枝，进而生长出多姿多彩、复杂多变的树叶来。而树叶，就是我们日常所需要面对的家庭教育中的点滴，而这些点滴都是动态发展的。

不管是做工作还是当父母，在日常处理各种事务的行为和现象之下，我们要掌握"心法"。"心"是我们整个人的心智的大统领，纵观人的一生，也往往是"心"怎么想，人生就怎么发展。一个人是拥有一颗积极的心，还是拥有一颗消极的心，其影响力都是巨大的，结果不可同日而语。就像武侠小说中的武林高手一样，既要修习外在的拳脚和兵器的功夫，还要特别注重内在的心法。因此本书，谈"心法"也比较多。

心法决定我们的定位和实现的路径。我们在教育孩子过程中的关键，就是要认识到孩子是通过我们来到这个世界上的，孩子本身是独立的人。不管是肩负着家族的使命也好，还是着眼于人类社会的繁衍生息也好，我们的职责都是要确保这些人类的后代健康地成长。诚然，我们是孩子的父母，小家伙们从出生的第一天起，就全身心地信任我们、依赖我们，而我们也全身心地爱着他们、养育着他们，照料好他们生活中的一切。但是到了一定的时候，这些小家伙就要开始逐渐脱离我们去探索世界了。这时，我们的角色也要从全知全能的养育者角色，向亦师亦友的角色演化，以帮助孩子更好地成长为自己。

有了心法作为内力的基础，还需要"外练筋骨皮"。我把这些归结为理念、方法和理论三个方面。有关心理学、教育学理论的部分，可以看作我自己的一个读书报告或者学术论文的综述，便于没有时间阅读大量心理学著作的家长们快速地把握发展心理学的一些脉络和知识。虽然没有"父母"这一个专业，但是通过这一部分内容的学习，希望能给大家打下一定的专业知识基础。

这本书并不是也不敢来教各位为人父母的人如何展开自己的家庭教育。本书的核心，是试图从心理学和教育学的角度，为大家提供一些思考问题的方法和工具，分享一些学术研究方面的成果，帮助大家更好地理解孩子很多行为背后的心理机制，也帮助大家更好地理解自己，进而能够更好地接纳孩子，也能够接纳自己。因为很多时候，接纳是解决矛盾和冲突的第一步。

网络时代，信息海量而易得。这是一个"知道"时代，人人都可以是从"百度大学"和"Google大学"毕业的"知道分子"，但我希望本书的读者都是愿意花时间深入地探究和学习一个专门领域的"知识分子"。

以湛庐文化在其出版的书的末尾常有的一段话作为结尾："很多

人读书,追求的是干货,寻求的是立竿见影的解决方案。其实这是一种留在舒适区的阅读方法。在这个充满不确定性的年代,答案不会简单地出现在书里,因为生活并没有标准确切的答案,你也不能期望用过去的经验解决未来的问题。"

第二章
教育现象背后的心理学

饱满地生活在每一刻，尽最大的努力规划自己的轨迹，呵护孩子们，与此同时，保持自我成长。

——乔·卡巴金

有很多人是可乐的粉丝，例如著名的投资大师巴菲特，他在各种公开活动上毫不掩饰自己对于可乐的喜爱；也有很多人是可乐的坚定反对者，例如很多家长，坚决不让自己的孩子喝可乐。人们对于教育的态度理念，亦是如此。"有人星夜赶考场，有人辞官归故里。"更多时候，随着时间的推移和情况的发展演进，人们的观点也会发生变化。

相比40多年前刚刚改革开放的时候，现在人们生活富足了。之前让人趋之若鹜的盐、糖、脂，现在已经被视为身体健康的大敌，越来越多的人开始注意和控制自己的饮食。

可乐作为含糖量很高的一种饮料，以及其他各种口感诱人的碳酸汽水，很容易让人上瘾。很多小孩子也很喜欢喝可乐，这让家长们有点苦恼。有一次和朋友们闲聊，听到了这么一个小故事。其中一位朋友对于孩子喝可乐这件事情是不大赞成的，但是他采用了一个很有意思的做法，就是把刚打开的充满气泡的可乐让孩子舔一下。刚开瓶的可乐在孩子的舌尖上产生了一种刺激的感觉，有点辣辣的，所以孩子一边喊着辣，一边就转头离开了，从此再也不喝可乐。朋友讲完这个故事，我们都跟着哈哈大笑。

可乐到底会对人的身体产生什么样的影响？网络上有很多种说法，现实生活里有的医生也往往给出不要喝可乐的意见。这是一个属于科学范畴的话题，我们在本书中不予讨论。

每个孩子的身体条件不一样，家庭环境也不一样，所以喝不喝可乐，也是一个仁者见仁、智者见智的事情。我把喝可乐的例子放在这里，是因为可以从这样一个非常有代表性的小事情，切入有关家庭教育的讨论。

上述小故事里面的朋友是一位有学识而且不断加强自己家庭教育知识学习的父亲，他采用了一种较为机智的方法，达到了不让孩子喝可乐的效果。而更常见的例子，是从一开始就坚决禁止孩子喝可乐，甚至骗孩子说可乐是苦的，通过吓唬孩子，达到令行禁止的目的。当有一天孩子离开了父母的管束，开始独立生活，他们很可能会意外发现，可乐竟然是甜的，或许从此会上瘾而一发不可收拾。

允许，还是禁止？

我们的生活中其实还有各种各样的容易让人上瘾的"可乐"，例如 20 世纪 90 年代开始出现的街头游戏机，2000 年左右风靡全国的武侠小说,之后开始出现的QQ,再之后的微信,以及现在"新新人类"所喜欢的短视频等。今后仍然会出现各种各样的新事物,这些新事物之所以会出现,本身就是人类为了满足自己的沟通和娱乐等需求而发明的。

对于孩子喝可乐的态度,总结起来无非是两种,一种是允许,一种是禁止。当孩子小的时候,短期的禁止是有效的,也是很有帮助的,因为孩子还没有自己的判断能力和自控能力。但是随着孩子长大,我们需要逐渐地将生活的主控权交回给孩子,让他们能够学会控制和管理自己的生活。

通过新闻媒体报道,我们听过太多学生的案例,在小学和中学的12年学习里面,他们被要求只是一心学习,没有机会学习如何掌控自己的生活和进行自我管理。等到上了大学,有些学生竟然还要妈妈来陪读才能够正常生活。还有些孩子,脱离了家长和老师的管束,开始不可自拔地陷入电子游戏或者其他令人上瘾的事情当中而无心学习。所以,就像给不给孩子喝可乐一样,这里有一个"度"的把握。或许,让孩子有节制和有限度地喝可乐,同时了解可乐是什么,随着他们不断长大,对于喝可乐自然就形成了认知和管理能力,从而在没有父母监管的情况下,也能够有节制地控制。

在日常家庭教育中,家长几乎每天都要面临这样的选择:课外辅导班要不要上?孩子做作业磨蹭怎么办?早上不想起床怎么办?到底是给孩子自由,让他们自己决定,还是一禁了之,断绝烦恼?记得在2020年新冠肺炎疫情刚刚暴发期间,我听一个在线讲座,主讲人是一位全国著名的教育大家。在后面的提问环节,有一位年轻爸爸提的问题竟然是:"我家孩子早上不爱刷牙怎么办?"可见,孩子日常的行为层面,才是家长最关心的。

理念、方法和理论

对于以上这些行为层面的问题很难一概而论地回答,但是我们可以从几个层面来思考。

第一个层面是父母的理念。艾莉森·高普尼克(Alison Gopnik)是一位国际知名的致力于儿童学习和发展研究的美国心理学家,也是一位出色的妈妈和祖母。她在《园丁与木匠》一书中描述了两种父母类型。一种是木匠,精心测量,果断下手,严格地按照最初计划将手中的材料打造成最终的产品,绝对不允许出现混乱和变异。另一种是园丁,他们大汗淋漓地付出努力,疲于耕地,辛苦施肥,但是正如任何园丁都知道的,特定计划总会有相当大的概率是失败的,但是花园在没有按照园丁的计划和预期即"逃离园丁的掌控之后",也总是意外呈现出其他令人惊喜之处。每天我们所要面临的,是孩子的行为所带给我们的影响,对于同样的行为,如果从不同的心态和角度去看待,往往会产生不同的结果。孩子就像花园中的花草一样,未必一定要按照父母的意愿和计划生长发展。

第二个层面是父母使用的方法。父母在教育孩子过程中所使用的方法也会塑造孩子的行为,并可能成为孩子未来的行为模式。我在大学里工作，也曾经分别在中国的大学和英国的大学完成了自己的本科和硕士阶段学习，又在中国的大学完成了博士学习，同时在中国土地上的中外合作办学的大学从事教学、科研和行政管理工作。在教学过程中，我在自己所讲授课程里面接触过数以千计的大学生。通过观察，我发现高中毕业刚刚进入大学的学生的行为表现非常不同，有的非常自律自主，有的非常依赖于他人的督促、提醒甚至鞭策。

在行政管理工作中，我也面试过很多人，有的还是具备数年工作经验的人。这些我遇见过的人中，有的富有活力和创造力，能够非常可靠地高质量完成工作，有的则不然。我们如果从"以终为始"的视角来回溯考察，这些人的成长过程到底有什么不同？那些在严格控制和约束条件下不喝可乐的人，在离开父母开始独立生活以后，也许会突然发现可乐是甜的，从此一发不可收拾。就像很多寒窗苦读十多年的学子，一旦进入大学，脱离了父母的掌控以后立刻放飞自我，从而沉迷于游戏中不可自拔，无心学习。因此，是忍受目前的混乱，让孩子学会掌控和管理自己，从而获取后面几十年的有序，还是享受前面十几年的有序，但是忍受后面可能出现的几十年的混乱？这是一个很复杂的问题，值得我们每一个人深思。

第三个层面是认知科学的大脑工作机制，这也是本书对于父母最大的参考价值之一。我个人认为，心理学已经成为社会科学的基础，就像数学是理工学科的基础一样，心理学是管理和教育领域学科的基础。青少年对于压力的反应要远远比成人强烈。从小学开始到中学的学习过程中,也许孩子所面临的压力、焦虑和抑郁通常会被父母所忽略。大多数情况下这种忽略都不是有意而为之,而是由于父母缺乏相应的知识,从而不能够对于孩子出现的问题的严重性进行判断,或者进行了误判。慢性压力会让人产生茫然无助的感觉,让人觉得对于种种任务都无能为力,甚至还会导致一系列的行为问题,比如睡眠障碍、暴饮暴食、办事拖延,不愿意好好地照顾自己的身体等,严重的甚至会导致抑郁症。这些问题背后都有脑机制在发挥作用。了解到大脑的工作机制和原理,可以更好地指导我们在日常生活中更好地与孩子相处,而这恰恰是我们日常所忽略的。很多时候我们把孩子身上出现的行为和现象归结于态度问题,归结于不听话等,总是试图通过讲道理或者说教让孩子进行改变,从而加重了孩子对于父母不理解自己的感受和困扰,甚至造成了更大的压力。如果掌握了有关儿童认知和发展的心理学原理,再来看待日常中出现的种种问题,就会有一种拨云见日的感觉。这样的知识未必一定可以明确地给出解决问题的答案,但是可以让我们养成一种新的意识,从而促成可能采用合理和适合的方式来解决问题。

不要将教育手段和教育本身相混淆

苏州综合广播频道的《911家长会》是一档非常受欢迎的亲子教育类栏目,主持人单颖对于教育也有很专业的理解和认知。我有幸可以作为受邀嘉宾经常参与这档节目。在日常做节目或者和亲朋好友聊天的时候,我发现大家最常问的问题都会指向一个具体的行为,比如为什么孩子早上不肯起床,为什么不好好吃饭,为什么做作业总是拖沓。我能理解这些问题背后所蕴含的焦虑和无助,也会尽力给予帮助和提供建议。但是这些问题都没有一个"放之四海而皆准"的应对方案,因为行为的背后对应的是动机,相同的行为背后可能有不同的动机,相同的动机也可以导致不同的行为表现。人的心理就像一个盲盒,我们尚没有办法测量和掌握人的心理活动。

同时,我们要明白每一代人都是不同的,人类的儿童期往往是混乱的,从人类进化学的意义上讲,孩子既要继承社会上现有的文化、知识和体系,还要承担改革、创新和发展的使命,这样我们人类才会"代代重启"。这既是由我们大脑的天生机制所决定的,是人类进化提出的要求,也是社会和文化发展在单个家庭中的微观呈现。在成年人看来,孩子的某些不符合秩序的混乱,恰恰是他们学习过程所要求的。我们做父母的,必然要承担这样的代价。

这个世界上有关教养的书那么多,随便打开一个 App,有关教养的专家意见也多如牛毛。但如果说我们自己的成长经历都不可能复制给我们的孩子,又怎么可能简单地单凭别人的几点意见就教好自己的孩子?心理学可以为家庭教育提供一个智力支持系统,它就像一棵大树的树根和主干一样,为枝头的树叶提供养分,而我们日常所碰到的种种现象,就是树枝和上面数不清的树叶。

我们没有办法为每一个问题提供一个答案,就像你永远无法预测出一个人下一秒要干什么。但是就整体而言,人类的人格、行为发展和心智成长，总还是有一些规律。明白了这些规律，我们就能够透过现象看本质，透过行为看动机，成为孩子成长中的好伙伴。

养育一个孩子是一次永远无法预测终点和结局的冒险。我希望当有一天我到了暮年，能够和自己成年的儿子们一起喝喝啤酒，听听音乐，回忆这一路走来的旧时光，和儿子们互相拍拍肩膀，就像我们现在一样亲密无间。

乔·卡巴金（Jon Kabat-Zinn）在《正念父母心》一书中谈到了禅。他引用了一个古老而智慧的说法：“不要把指向月亮的手指误认为是月亮。”这句话的意思是，就像我们在高速路上开车，我们不应该也不会把标示着一个城市名称的标志牌当作这个城市本身。这个观点对于父母教育的参考是，我们在教育过程中所学习的方法、理念和技术，都是那根指向月亮的手指，是我们要达成教育目标的工具，而不是教育本身。读书和上学是达成我们人生目标的手段，而不是我们的人生目标。

教育的"内卷"现象

2021年1月下旬，在苏州的社交媒体上，很多人在关注有多少苏州的高中学子被牛津和剑桥大学录取。牛津和剑桥作为英国最古老的两所大学，在世界上享有卓著的学术声誉，每年在中国大概只有200个录取名额。能够被牛津和剑桥录取，是一件远比被国内顶尖985大学录取更困难的事情。在为这些能够被牛津和剑桥录取的孩子高兴的同时，我也想到更深一个层面的问题，就是在中国的高中学子升学一事上，也有了一些新的变化。中国社会和经济的快速发展，让更多的高中毕业生到牛津和剑桥上本科的可能性增加了，同时也说明，在高中升入大学的过程中，竞争也是在不断升级的。

遥想在几十年前，能够考上中专就是一件很牛的事情了，因为上了中专就能有一份不错的工作。到我上高中的20世纪90年代，虽然中专仍然被老一辈家长所看重，但是读高中考大学正在成为更主流的升学途径。那时的大学还未扩招，大概10个高中生中有1个可以上大学，能够考上大学就是荣耀，就是天之骄子，读完大学本科毕业的人就能够有一份非常体面的好工作。

从1999年开始，大学开始扩招。从此以后，大学生的数量急剧增加，进而出国留学的热潮也开始了，并以出国读研究生居多。上大学的人多了，大学生身份的"含金量"开始下降，而与此同时，留学生的一纸海外学位还是很值钱的。当每年的大学招生规模达到900多万人的时候，大家开始追逐985和211大学。同时，海外留学生也越来越多，留学生回国以后的竞争优势和国内毕业生相比也越来越不明显。为了能够赢得一个更好的未来，高中毕业生的起点已经锁定到了以本科为起点的海外名校。

大概2020年开始，出现了一个网络流行词，叫作"内卷"。对此，百度百科的解释是：人类社会在一个发展阶段达到某种确定的形式后，停滞不前或无法转化为另一种高级模式的现象。并介绍说"内卷"最早的"出处"是几张名校学霸的图片，有的人骑在自行车上看书，有的人宿舍床上铺满了一摞摞的书，有的人甚至边骑车边端着电脑写论文。这些图片最早在清华、北大的学霸之间流传。之后，"边骑车边看电脑"的"清华卷王"等热门词语登上热搜，相关的表情包也出现在不少大学生的社交软件中。这个词现在被很多高校学生用来指代非理性的内部竞争或"被自愿"竞争，在大学生中广为流传，屡次出圈，引起了一波又一波网络讨论。2020年12月4日，"内卷化"入选《咬文嚼字》2020年度十大流行语。

按照我自己的理解，"内卷"就是指在一个体系内部资源一定的情况下，或者说整体的资源体系不能再跃升到一个新的能级层面，而体系内部成员的能力却不断增强，体系内部成员之间为了竞争资源而采取的不断加码的努力，是一种大家都很累但是谁也不敢轻言放弃甚至懈怠的状态，唯恐自己放松一下就会在竞争中处于不利的地位，"如逆水行舟，不进则退"。

举个例子，一个班级的学生进行排名，不管大家的实力如何，总是可以排出一、二、三名的。如果大家都是每天正常上学放学，放学以后做完作业即可，那么根据学生在学校的学习状况，期末正常考试，考试后产生排名的顺序。这个时候假如大部分学生的成绩都在80多分，那么90多分的学生就可以名列前茅了。

如果此时，有一个家长或者一些家长开始让自己的孩子放学后去上校外培训班，那么孩子花了额外的时间和努力进行学习，或者提早学习了学校的内容，或者大量重复地做练习，在这种情况下，学习的效果得到加强，那么再次考试后的排名，这些参加了辅导班的孩子必然成绩上升，排名靠前，打破了之前的状态。当几乎所有人都可以考到90多分以后，95分以下都似乎成了不理想的成绩，门门功课满分才是正道啊！

其他的家长一看，这可不得了，我们的孩子也不能落后啊，也得上辅导班。在激烈竞争、排名的情况下，大家都努力上辅导班，谁也不敢落下，这样所有的孩子都在课余增加了学习时间，这样再次考试，排名又会重新来过。

原来先行让孩子参加培训的家长一看孩子排名有变化，认为孩子还需再努力，于是加大课外辅导班的强度，增加课外辅导班的学习时间。对于学校来说，原来可以通过学科成绩来选拔，但是当大家的成绩都接近满分的时候，就只能再增加额外的考核项目，而为了在这些项目上获得竞争优势，所有人又不得不开始另一轮的拼搏。

但是第一名永远只有一个，如果大家的目标全部一致，那么所争抢的资源就永远稀缺，因此所有人都不得不层层加码，形成资源总量没有增加，但是所有人付出的努力不断增加的局面。

当我在网络上看到有的孩子刚出生，身边就被父母放了一个"离高考还有××天"的标语的时候，我真的不知道这是开玩笑还是当真。如果孩子一出生就锚定了上大学，而且很多人还锚定了非北大、清华不上，全然不顾北大、清华每年所录学生有限这样的客观事实，这就是"内卷"的典型现象。

以上是我为了进行问题说明而虚拟的班级竞争、排名的故事，但从其中也确实可以看到现在很多家庭的教育状态。孩子累，家长更累,孩子周一到周五白天上学,晚上做作业,甚至上辅导班,家长要辅导作业,还要接送辅导班;到了周末,家长接送上各种辅导班和兴趣班,一周七天无休。很多妈妈不得不放弃工作来陪孩子学习。

在2020年的"两会"上,108位全国政协委员呼吁减少家长辅导作业的负担。给家长减负的呼声,其中也包含要将处于干工作、创事业最佳年龄段的年轻父母们解放出来的声音。一到期末考试期间,有孩子的朋友之间都有一种默契,就是"不约,不约",孩子考完试再约。我有一位好朋友在朋友圈里是这么说的,"原本也想仗剑走天涯,后来因为被迫辅导孩子作业不去了"。

当全社会的资源,除了孩子的时间,还将正值职业黄金时期的年轻父母们的时间都绑死并消耗在日常的学习辅导、考试和分数上,而其目的不过是争夺十几年后的一张大学入场券时,这中间对于社会资源的巨大浪费,恐怕难以衡量。

一篇微信推文引发的争议

当大家纷纷感慨社会各个方面都在不断"内卷"的时候,2020年11月,在微信朋友圈突然开始热传一篇《清华教授刘瑜:我的女儿正势不可当地成为一个普通人》的文章。打开一看才发现,原来这篇文章的标题是一贯的微信推文抓眼球风格,典型的"标题党"。文章来自刘教授的《不确定的时代,教育的价值》的演讲。在这篇文章里，刘教授说现在的教育是一种恶性竞争，是"军备竞赛"。比如她提到了现在孩子几乎人人都学钢琴的现象，说北京可能有300多万孩子在学钢琴，在这种情况下学钢琴，要想出类拔萃，这不是比登天还难吗？还不如让孩子学习古希腊罗马史。

这篇文章迅速地引起共鸣和大量转发，很多人为这篇文章点赞，赞同的人认为刘教授讲得特别接地气。

刘教授也是一名母亲，她在演讲中提到现在孩子很多出现焦虑、抑郁、空心病等症状，并试图论证，在当今社会，如果一个人选择"放弃成功"，也未必是坏事，认识自我、接纳自我，是最重要的人生功课。刘教授在演讲中说，大家现在都有一种单一的成功标准，在社会上充斥着各种高竞争力的人群的现实下，自己接受女儿是一个普通人并势不可当地成为一个普通人的现实。她认为，"我作为一个家长的使命就是：沿着孩子的这种独特性，帮她找到她所欢喜的事"。

如果看了刘教授的演讲全文，就会发现其中蕴涵着很多值得思考和借鉴的地方。但是，也许是很多人只看到了文章的标题，或许也有很多来蹭热点和流量的人需要说点抓眼球的事，或许是激发了人们的不同意见和认识，总之一些反对的声音也开始出现了。

反对的声音大致是这样的：刘教授作为清华大学的教授，并且自己一家人都是清华、北大毕业的，当然不用关心"民间疾苦"了，那些名校还不是随便上吗？也许大家被"普通人"这个字眼给刺激到了，有观点认为刘教授的话"你真信就输了"，因为刘教授即使放弃了,她的女儿也不可能真的成为"普通人",而自己如果放弃了,将来孩子可能连工作都找不到。并由此将刘教授和她先生的身份、工作等都挖掘出来,以此认定刘教授家也不是普通家庭,进一步推测、论证她的孩子也一定可以靠着家里的资源,"打个招呼"就可以上名校、上大学、考研、读博、有好工作等。

我们对于双方的观点不做评判处置,特别是对于推测出来的观点要批判看待,正如我们在本书开头所谈过的,每个人都有自己的境况、经历、计划和客观的需求,谁也不能替代谁去生活,俗话说"如鱼饮水,冷暖自知"。

另外一个例子可以参考2020年新浪教育盛典上来自中国人民大学的储殷教授的演讲《教育,我们这一代父母的迷茫》,也就是后来被冠以"一位中产父亲的怒吼:没人告诉家长,教育是用来社会分层的!"的标题而广泛传播的文章。也许作为大学教授也并不一定能在孩子的教育上逃脱"内卷"的命运。

对于这个有争议的现象,我们从心理学的角度进行分析,就能够明白其实各方"公说公有理,婆说婆有理",只是观点各方所处的具体情况不同,人生经验不同罢了。

我是研究心理学的,喜欢从深层次去分析问题。这个"成为普通人"的话题引起了如此巨大的争议,其背后到底隐藏着哪些我们还不知道的心理和事实呢?具体到分析切入的角度,那就是要落到人的认知和需求上,特别是需求的角度。

网络上有一篇作者为汪正贵的文章《如何反教育"内卷化"》,

其中也关注到了有关清华刘教授的言论的讨论。

汪先生认为"内卷是指一种文化或模式在一个发展阶段达到某种确定的形式后,停滞不前或无法转化为另一种高级模式的现象"。在《如何反教育"内卷化"》一文中,他介绍说,"内卷"最早是美国人类学家克利福德·格尔茨(Clifford Geertz)在描写农业问题时提出的。内卷这个概念所要描述的是,农民在人口的压力下,不断增加水稻种植的劳动投入,并期待获得更高的产量,然而当产量到达一定的水平的时候,劳动的超密集投入并不能够进一步带来成比例的产量增长,反而会造成单位劳动边际效益递减的现象。汪先生举例说,在他的农村老家也是这样的,人多地少,为了提高粮食产量,农民们起早贪黑,精细耕作,但是到达到了一定的产量后,即使投入再多辛劳也难以持续提高亩产量,一年辛苦下来,仍然只能够维持温饱,略有盈余。所以这些年来,大多数农民都将自己的土地转包给了种粮大户,因为这种"内卷"的劳动密集型农业模式已经走到了极限,必须改变,走出一条新路。

农业上的"内卷"现象在教育上也有类似的体现。汪正贵先生认为,教学的精致化、时间的网格化、管理的精细化,已经到了无以复加的程度。那些为了升学和竞争所采取的加班加点补课辅导、题海战术,大量时间的投入,重复机械训练等方法,初期可能非常有效,但是达到一定的边界之后,则边际效益递减,难以持续有效,反而有可能导致负面后果,损伤学生的学习热情,扼杀学生的创造力。

是什么造成了争议？

我个人认为对于以上的问题，有两个方面的原因造成了争议。一是缺乏"操作性定义"，每个人都是从自己的生活经验和理解来谈问题，从而造成了看似在说一件事，但是事实上互相之间缺乏认知的共同基础。二是"普通"这个词刺激了很多人的"情结"，特别是那些可能对于自己目前的生活不满意的人。

我们在做心理学研究的时候，一定会对一个概念进行"操作性定义"。这是一种根据概念的可观察、可测量、可操作的特征来进行定义的方法。因为对于同样一个概念，不同的人有不同的理解，可谓千人千面。如果没有统一和一致的理解和表征，在心理学研究领域就无法进行下一步实验。

举个常见的例子，每个人对于温度的感知是不一样的，同样的一天，有人会觉得很热，有人会觉得很冷，所以在办公室里，常常会出现对于是否要开冷空调、温度开到多少度的争议。如果没有温度计，大家只是在争论到底是冷还是热，是不会得出令双方都满意的结论的。但是如果我们对于"冷"和"热"进行界定，例如此处就只是为了说明这个概念而简单地将温度低于或者等于20摄氏度定为"冷"，将温度高于20摄氏度定为"热"，那么根据体感温度并产生争议的现象就会消失。

再举个例子，一杯某品牌咖啡拿在手里走在街上，有的人会认为你在"装",在"炫耀",有的人会认为你喝咖啡"不大讲究"。

在分析社会现象时可以借鉴这个方法,例如:该如何定义"普通"?我们很难对这个词进行定义,因为"普通"或者"不普通"都是相对而言的。如果"普通"作为一个考核和衡量的描述,那么显然非常容易引起争议,因为这个描述太模糊了。在工作中我们是不会这样做的。例如,我们不可以简单地说"把某项工作做好",因为"好"这个词不能体现出任何可衡量的标准。

一般来讲,不管是定性的描述,还是定量的描述,都追求一个可以衡量的目标。就像小升初要考到哪个学校,考大学要考到哪一层次的学校,某次考试要达到多少分数……其实都符合这个可衡量的标准,也因此被人们广泛使用。

我大学的时候去过云南大理的山区,看到那里的孩子的生活比较清苦,不由自主心生同情,把当时身上所有的零花钱都拿出来送给那些孩子。当时我也是一个没有收入的穷学生,我还记得这些零花钱中有很多一块、两块的面额。这些钱对我来说只是口袋里的零钱,但是对那些孩子来说就是一笔难能可贵的小资金。当时的我,是一个普通得不能再普通的大学生,可是相对于山区的孩子,我是令他们羡慕的"城里人",还是"大学生",就是不普通。

大家在社会上的角色和生活状态不同,不管一个大学教授如何看待自己,在部分人看来,可能大学教授就不能自称"普通人",而是有着特殊地位的人。但是对于生活在大学里的老师们来说,身边都是读过大学的同行,都是有高等教育学位的人,可能并不觉得自己有多牛，认为自己也只是"普通人"。更何况在任何一个大城市，都有一大批能力超群的厉害人物，大学老师可能更知道"人外有人，天外有天"的道理。因此，当大家都想进入大学，千辛万苦地要挤进象牙塔的时候，象牙塔里的人却说自己也没什么了不起，必然让不具有这些资源的人感觉不舒服，争议是必然会产生的，因为认知不一样，考虑问题的层面不同。

我们可以假设，大学教授的孩子也许没能考上大学，但非常可能还是会在大城市里找到一份工作，这份工作相较于其父辈的工作确实很"普通"，但是对于很多人来说，在大城市立足可能还是一个遥不可及的梦想。

综上所述，不同的人对于"普通"有着不同的理解和标准。没有一个一致的具有可操作性的定义，也就没有办法围绕"普通"这个词讨论下去。

另外，从公共情绪方面来说，"普通"这个词可能刺激到了以"普通人"自居并力图变得"不普通"的人群，以及他们的"情结"。

"情结"一词来自瑞士心理学家卡尔·古斯塔夫·荣格（Carl Gustav Jung）的理论。荣格在其1904年至1911年之间的词语联想测验中发现，当刺激词与被测试者心中不愉快的事物相联系的时候，被测试者的反应时间就会变长。对这些词语进一步分析，就会发现这些词语都是围绕着某一个方面互相关联的，是一个词语簇，并指向人们心中某些无意识的心理内容。

举个例子，身高不高的男生，例如我，在别人无意之中提到某某身材高大的时候往往内心都会猛地触动一下，并隐隐感觉到不快，就好像别人在有意地说自己身高不高一样。这就是触碰到了有关身高的情结。

孩子小的时候，都是漂亮、可爱和聪明的。长大以后，其生活状态千差万别，有去了大城市的，有留在家乡的，而按照世俗的标准去衡量难免区分出三六九等来，因此也就产生了一个"普通"的情结，对于自己的状态不满意，并希望下一代能更好。情结是心中的痛，一旦触碰，就会引起剧烈的情绪体验，尤其是当这个说法来自比自己的社会地位和收入状态要好很多的人的时候。

马斯洛的需求层次理论

现在流行讲"第一性原理"。这是一个从科技界开始流行起来的概念，我的通俗理解就是："第一性原理"就是事物的本源，是一个现象的根本原因。例如，从市场营销学的角度看，所有的理论和市场分析工具，都可以归结到"用户需求"上。如果没有用户需求，就没有相应的产品和服务。

我们看教育问题的时候，也需要考虑一个根本问题，按照"第一性原理"，就是我们要什么。"有人星夜赶考场，有人辞官归故里"，对于当官这件事情，赶考的人和辞官的人当然有不同的观点，而这个观点来源于不同的需求。

我们以每年一度的春节联欢晚会为例。前几年，人们对于春晚的批评声音很大，大致的意见就是说感觉没意思，不好看，很多人还是会怀念自己小时候的春晚。说句实在话，如果把20年前甚至30年前的春晚视频拿出来看，其实不管是灯光、舞美还是舞台技术呈现，都比不上现在的春晚，而演员的表演和实力，和30年前的演员水平又能有多大差距？所以对于春晚的批评其实源于观众需求的变化，大家的品位都提高了，平时见多识广，一台晚会能够给大家带来的兴奋感和新鲜感就大大降低了。

对于70后和80后来说，小的时候精神产品普遍匮乏，广播和电视是主要的娱乐内容来源。当大家连广告都看得津津有味的时候，匮乏造成对于精神产品的需求包容度高并且需求相对比较集中。每年除夕全家团聚的时候，一场精心编排的晚会就是大家的精神大餐。而且那个时候还没有智能手机，不会出现所有人一边刷手机一边抢红包顺便瞄几眼电视的心不在焉的情景。

自2010年前后移动互联网普及以来，大家的娱乐兴奋阈限值被提高了不知道多少倍。孩子们在各种声光电效果的刺激下长大，精神需求已经非常多元了。因此，世界上最难做的，就是企图用一台晚会满足各个年龄段和各社会角色的人的需求，如果能满足大部分人的需求就不错了，因此批评的声音总是难免。

说起需求，从人的行为分析层面，我们一定要从马斯洛的需求层次理论开始讲起。马斯洛认为人的需求包括五个层次：最基本的是生理的需求，包括吃饱穿暖等，其次是安全的需求，再上一层是爱与归属的需求，第四层是尊重的需求，最高一层是自我实现的需求。

马斯洛认为，需求的层次越低，力量越大。人们的需求基本上是逐层满足的，要先满足下一层，才会开始上一层的需求。也就是说，在高级需求出现以前，低级需求必须先被满足。

马斯洛的需求层次理论

接下来，我们详细了解一下这五个层次的需求。首先是生理的需求，包括食物、水、空气、睡眠等人的基本的需求。如果生理的需求得不到满足，那么上一层次的安全的需求就不会出现。

2019年夏天，我带全家人去欧洲旅行。在巴黎，我们住在玛德琳教堂附近，出门左转走几步路就到了协和广场，离老佛爷百货等购物中心都很近。就是在这个国际著名大都市最繁华的核心地带，我家小孩在其人生中第一次目睹了当街偷窃事件的发生：一位看起来是当地人的女人偷了一个中国旅行团游客的钱包并被游客当场发觉，从而上演了一场追逐战。所幸小偷被抓住，钱包追回来了，而那个小偷只是笑一笑，就若无其事地逃走了。夜幕降临，漂亮时尚的大街上，在那些著名的购物中心的橱窗外，出现了很多不知道从哪里走出来的流浪汉，准备在这些橱窗外露天过夜。这些情景让孩子们有点害怕，在中国，他们从来没有见到过这样的场景。当我们路过巴黎街上，很多一眼就可以看出是来自中东的难民家庭时，看到那些家庭里的孩子时，我的两个孩子也会自发地去放一点儿钱。

有一次我在雅典旅行，吃早饭的时候从窗户往下看，看到楼下马路边坐着一个人在喝啤酒。喝着喝着，这个人起身离开，过了一会儿又回来了，手里多了一罐啤酒。就这样重复了好几次，让我感到很迷惑。我看了一会儿才明白，这是一个流浪者，捡昨夜泡吧的人扔掉的啤酒罐在喝。

在以上的情景中，流落街头或者流落在异国他乡的人，首先要解决的是生存问题，也就是每天的一日三餐或者两餐，能够有食物吃，有干净的水喝，有地方睡觉。安全，还不是他们需要考虑的问题，也是不能顾及的问题。

当生理的需求被满足了以后，安全的需求就会出现。需求层次理论其实也符合人类发展和进化的顺序。遥想我们的原始人祖先，最开始是茹毛饮血，为了能够活下去，就像动物一样追随着食物而四处漫游。慢慢地就开始找到洞穴这样的地方，或者建造栖身之所，开始了更安全的定居生活。在动物界，只要没饿死，很多动物都会积极筑巢。人类只要一解决温饱问题，马上就会想到居住问题。因为稳定感、避免受到外界伤害的被保护感，也具备强大的驱动力量，这是紧随生理需求层次之后的另一个层面。以我自己的理解，看人类的行为，只要从是否有利于生存的角度去分析，往往会很有收获。是否安全，也是对于人的生存非常重要的一个因素。从这一点来看，很多小鸟能筑巢才能成功求偶，小伙子们有房子才能娶到老婆，似乎是一个来自生物界的古老法则。当然，如果生活稳定，衣食无忧，租房子也是不错的，这一点在欧美各国体现得比较明显，即通过租房子，也可以让安全的需求得到满足。

在生理的需求和安全的需求得到满足以后，再高一个层次的需求就是爱与归属。爱与归属主要是指人要建立社会关系，与他人有情感连接，有社会交往。比如我们每个人都是归属于我们自己的家庭的，归属于自己的大家族的；在社会上，我们是某个单位或者组织的一分子，或者是某个社会团体的一部分；在朋友的交往里，我们都会有自己的一个往来密切的朋友圈子。

身处在人群之中，是一种非常好的感觉和体验。如果你去观察欧洲的很多城市的建设，就会发现欧洲的城市都是围绕着广场建造的。对于巴黎或者巴塞罗那这样的大城市来说，城市中的广场会有好几个，以广场为中心，辐射状地铺设道路，然后在道路两侧建立房屋。这样的布局可以让居民以广场为中心开展社会交往活动。到欧洲旅行的人也都很喜欢和当地人一样坐在路边的咖啡馆里或者露天餐馆里，一边享受着阳光和新鲜的空气，一边在旁人的窃窃私语里和自己的朋友或者家人聊天。

在我们中国的一些城市里面还保留着比较古老的生活区域的风貌。这些区域的一个明显的特征就是有社区的感觉。中国的文化也一贯强调邻里之间的关系，比如"远亲不如近邻"。这些社会关系对于我们的生活非常重要，甚至可以在我们的生活中形成非常有力的支持体系。

人毕竟是需要社会交往和社会联系的，就算是非常宅的人，也会通过网络和外界保持联系。心理学家做过一些感觉剥夺的实验，就是把前来参与实验的人关在一个封闭的房间里，不能和外界接触。甚至把他们的手绑起来，不让他们接触到任何感官信息。参与实验的人很快都退出了。

当一个人吃得饱、穿得暖、有房住、有朋友、有稳定的社会角色和所从属的团体时，他的需求会主要体现为尊重的需求。尊重主要体现在两个方面，一个是自尊，另一个是希望得到他人的尊重。

很多时候，我们在职场上看到有的人的工资水平很不错，工作的内容也很好，但如果他没有获得应有的尊重，就可能会愤而辞职；反过来看，很多时候，一份工作的薪水可能比在其他的单位要低，但是如果整个工作团队的氛围非常好，有一个开明的、懂得尊重自己的领导，同事之间也懂得互相欣赏和互相尊重，那么这个团队就是一个能够留得住人并发展壮大的团队。

我们要特别注意的是，在家庭教育里，随着孩子们逐渐长大，他们会慢慢地完善自己的心智，拥有自己独立的人格，在这个时候，他们的自尊的需求以及受到别人尊重的需求就开始建立了。我们在和孩子的交往过程中，要特别注意保护他们的自尊心。

当尊重的需求被满足以后，主要的需求便体现为自我实现，所以我们会看到很多人在不断地"折腾"。有的时候别人会问他们，你已经什么都有了，不缺吃不少穿，收入和经济状况也非常好，为什么不停下来休息一下或者提早退休呢？对于这个问题，就要懂得要从需求层次的最高一个层面去看。

当一个人的物质财富非常丰富时，他往往就要开始去追求心灵或者一些更抽象层次方面的满足。在这里我要举一个例子，也许不一定完全合适，只是基于我自己非常粗浅的理解。著名的弘一法师出生在一个富有的大家庭里，从小衣食无忧。年轻求学的时候，他能够在上海与很多文化界的人士来往，能够自由地学习各种各样的知识，还能够到日本留学。成年以后，在世俗的世界里面，他取得了非常大的成功和很大的名声。在外人看来，他也有非常幸福和美满的家庭。但是有一天，他却非常决绝地遁入空门。很多年前，我也不能够理解他的行为和动机。但当我自己的认知和年龄到达了一定程度的时候，基于马斯洛的需求层次理论，我一下子就明白了，物质世界已经不能够引起他的兴趣，他的关注点和需求在精神层面，这就是他的自我实现的那一部分。

专断、放任、权威和忽视型父母

教养方式的概念起源于心理学，指父母用于抚养孩子的广义策略。加州大学伯克利分校的黛安娜·鲍姆林德（Diana Baumrind）对于心理学中的教养方式进行了识别和划分，她认为存在三种主要的教养方式，即专断型、放任型和权威型。这和前文马赛厄斯和法布里奇奥的研究有一致的地方。

简要来说，专断型教养方式是指家长要求孩子绝对服从，对孩子严加控制，当孩子的行为和信念与家长理解的正确行为不一致的时候，家长喜欢用惩罚型和强迫性的手段来限制孩子的自我意志。

放任型教养方式和专断型教养方式相反，放任型父母遵循一种自由放任的方式，给孩子自主决策的权利，鼓励孩子们独立，以非惩罚性、接受性和肯定性的态度对待孩子的冲动、欲望和行为。父母可以就家中的一些安排和做法与孩子协商，避免控制孩子的行为。

权威型教养方式与专断型教养方式有类似的地方，但是也有不同。权威型父母试图影响孩子的选择，但不是像专断型父母那样通过命令和约束，而是通过说理并努力塑造孩子的价值观来达到目的。

心理学家爱丽诺·麦科比（Eleanor Maccoby）和约翰·马丁（John Martin）还将一些完全忽视并对孩子放任自流的父母称为"忽视型"父母。

只要是和人相关的活动，都可以从需求的角度切入进行分析。例如消费和生产，一定是围绕着用户的需求进行的。教育的目的，是为了个人的成长和发展，最终也是为了能够帮助学习者融入社会和经济活动中。虽然每个国家或地区和每个人的教育目的千人千面，但是需求，或者说动机，总体来说也符合一定的心理学规律。从这个角度说，像丹尼尔·卡尼曼这样的心理学家获得诺贝尔经济学奖也就显得顺理成章。教育现象和教养行为背后的心理学，家长们也不可不察。

第三章

教育现象背后的经济学

是什么导致不少当代的父母在度过了 20 世纪七八十年代宽松的童年时代后,却突然成为"直升机父母"和"虎妈"呢?答案是经济激励发生了变化,这很大程度上是同时期经济不平等的加剧导致的。

——《爱、金钱和孩子》

从心理学的角度来看，满足家庭发展和个人发展的需求，可以用来解释当代家长教养方式的动机。我们还可以从另外一种维度来看家长的教养方式和家庭教育，即从经济学的角度来解释。

如何看待教育、家庭和社会的关系

如何看待教育、家庭和社会之间的关系呢？我觉得可以从三个层面来分析。

第一个层面是教育和家庭成员之间的关系。

2000年前，不管是在东方还是西方，都出现了一些伟大的先哲，这些人往往是"大百科全书式"的人物，他们什么都懂。我们的社会发展到现在，尤其是在网络时代以后，出现大师级的人物已经非常困难了。作为一个人，是必须通过学习来为将来做准备的。我们的祖先早已经讲过,"劳心者治人,劳力者治于人"。不管是劳心还是劳力,本来是没有高下之分的,这句话所强调的是社会分工。对于每一个个体来讲,在儿童期可能都是聪明可爱的小孩子。而20年以后,这些小孩子都要成为社会上的主要成员。30~40年以后,他们将成为社会的支柱。

因此,教育对于一个人来讲的重要性是毋庸置疑的。这也是为什么教育会在社会上引起这么多的争议,为什么总是一个社会热点。教育跟其他任何一个行业都不相同,它是关于人本身的。

第二个层面是教育和家族之间的关系。

当知识成为第一生产力的时候,经济的发展是由知识驱动的,一个家族的成员是否接受过良好的教育,往往就决定了这个家族的兴衰。当然我们可以说一个家族的兴旺也可以通过各种各样的方式来完成,比如说抓住了一次良好的经济发展的机会,踏上了一次正确的时代潮流,假如你在2000年以后能够大胆地通过银行贷款购买多套房屋,现在的生活应该也是很不错的。但是如果一个家族要长久地兴旺和发达,还是要通过教育来完成。

在《南渡北归》这本书里,我们可以看到很多这方面的例子。那些在新中国成立以后,很多有影响力,为国家和社会做出了巨大的贡献,或者在学术方面有巨大的研究成果的人,很多都来源于诗书传家的大家族。家庭成员所能够享受到的教育资源有多少、有多好,首先取决于家庭的经济条件。我个人常常感叹现代各个学科的主要理论都是欧美人士提出来的。抛开整个时代发展的大背景不提,具体来看某个学科的主要人物，往往都是出生在衣食无忧甚至非常富裕的家族里。美国心理学之父威廉·詹姆斯（William James）就是一个很好的例子。威廉·詹姆斯小时候被家人带到欧洲游历，每次在不同的国家都小住数月，学习当地的语言，受教于当地的老师。长大后，他也可以在欧洲学习多个不同的学科，而不必有学业的压力。回到美国后，他开创了美国的心理学。

第三个层面是教育和人类社会之间的关系。

地球上的人类有数十亿之多，分布在200多个国家和地区。假如我们把视角拉伸到地球的上空，俯瞰各个国家和社会，我们会看到：每一个人类的个体，每天忙于自己的具体事务；但是作为一个总体，人类其实是按照基因或者生物的设定，在一起完成了生存和发展以及不断的演化。

现在当我们说起进化这件事的时候，总感觉好像是上古时代的事情，其实我们人类还是处在进化过程中的。当一个小孩子出生的时候，他并不知道自己是出生于大山、湖区、平原还是沙漠甚至北极寒冷的地区。一个小孩子，不管他出生在什么样的地方，在出生以后都可以快速地学习和适应他所处的环境。这就是为什么在地球上所有的生物里面，只有人类可以作为整个地球的管理者：鉴于大脑的可塑性，我们不但可以继承已有的东西，还能快速适应环境来发展新的东西。

随着科学技术的不断发展，随着人类探索世界脚步的不断迈进，人类应该是可以适应任何环境的。所以，每一个人的教育，从微观来看，是有关个人的幸福和发展的；但是从宏观来看，它对于整个社会乃至整个人类的发展都是非常重要的。

家庭模式的变化

中国社会也早已从大家庭模式转变为主干家庭模式，甚至很多时候是核心家庭模式。回想新中国成立后的第一代人，在大家庭模式下，兄弟姐妹五六个，甚至七八个，老少几代人生活在同一个地方甚至同一个屋檐下，四世同堂现象非常常见。大家庭的生活当然会对于人际交往和相处提出更高的要求，但是大家庭的生活也具备很多的好处。很多人在没有自己的孩子之前，通过观察家庭里面的养育行为，或者帮着长辈照顾孩子，已经具备照顾孩子的经验了。因此，当自己有了小孩以后，基本上具备了相当的技能基础和知识储备，并且大家庭成员也会分担照顾家庭新生成员的任务，包括在生活上给予帮助和建议，心理上给予支持和安慰。

因为大家庭人多，所以往往在出现争议的时候，可以有某种平衡各方异议的机制存在，解决生活中面临的挑战和问题。例如，当年轻的父母可能过于严厉地处理孩子过失的时候，长一辈的老人们或者其他家庭成员可能会过来安慰孩子几句，这样既达到了惩戒的目的，也能从一方面让孩子感受到家庭的温暖，避免出现极端的感受。如果父母缺乏经验，有溺爱孩子的情况，孩子在犯了错误以后舍不得训诫，那么也可以由家族里的其他人出面进行教育。

主干家庭模式下，独生子女一代长大成人并组建了家庭，新的小家庭往往需要借助于孩子的爷爷奶奶或者外公外婆的大力支持，才能完成抚育孩子的任务。主干家庭模式下，家庭成员的人数少，年轻一代往往受过更好的教育，养孩子基本上靠看书。有句笑话叫作"老大照书养"，新一代的父母有一颗追求科学养育的心，或者由于远离家乡，只能以自己为主来带孩子，孩子的祖父母一代往往只能在生活上提供一些帮助。另外，由于两代人成长的环境不同，所接受的教育程度不同，老少两代人在养育孩子方面还会发生争执。

核心家庭模式中一般只包括父亲、母亲和孩子三个角色。这个生态系统更小，也是目前中国城市中家庭模式的常态。对于核心家庭模式中的父亲和母亲来讲，很有可能自己就是独生子女，没有养育孩子的知识或者经验。对于养育这件事，能够借鉴的，就是自己的成长经验了。对于孩子来说，在核心家庭中，自己所面临的环境基本上就是自己的父母。在大家庭模式中，如果父母惩罚孩子，可能七大姑八大姨就会出来调节，孩子也受到了惩戒和教育，但是估计不会受到太极端的对待。但是在核心家庭模式中，由于缺乏调节因素，孩子所受到的待遇基本上就取决于其父母的修为了。

"冰箱父母""直升机父母"及"冰壶父母"

2020年3月21日，疫情期间居家隔离的时候，我突然接到了一个邀请。苏州广电总台主持人老毕在做一档叫作《梦想·家》的节目，邀请我和著名儿童作家王一梅老师以及主持人俞熙雯做一期节目，主题是关于亲子关系的。

我在写这本书的时候已经是 2021 年了。时过境迁，相信很多读者和我一样，对于那个时候的很多记忆已经开始模糊了，但是有一些情况现在我还记得。就学校工作的层面来说，在 2020 年 4 月的时候，上级教育主管部门曾经组织过一次电视会议，会议的主要内容是提醒各个学校密切关注学生在家里的状况，特别是关注学生的心理状态，排查学生家庭里面有没有精神病史或者心理问题的。因为长期的居家隔离，特别是孩子和父母封闭在室内，时间长了可能会引发很多亲子冲突，有的孩子还采取了比较极端的做法。

即使对于没有心理问题的人来说，长时间封闭在自己的家里也会有不适感。往常，大家在忙于工作或者学习的时候，还会有一段时间不在一起，即使产生矛盾也会有一些缓解的空间。但是天天居家隔离在一起，抬头不见低头见，封闭的环境以及来自外界的压力，会让很多在平时本来微不足道的问题被放大，每个人身上的缺点也会被放大，家庭的争争吵吵就不可避免了。

鉴于此，《梦想·家》这一期节目主要谈论的就是亲子关系。节目本身的形式非常有趣，选了一个楼盘的样板间，大家戴着口罩做了一期节目。主持人老毕和熙雯扮演家庭里面的爸爸和妈妈，另外一个主持人梓瑜扮演他们的女儿，然后三个人即兴表演了好几个情景剧。

在做这期节目的时候，我结合他们所扮演的情景，描述了父母的三种类型。当然，这三种类型并不是我发明和提出的，而是散见于有关教育的不同的文章里面。

第一种父母类型叫作"冰箱父母"。顾名思义，"冰箱父母"的一个特点就是对孩子非常冷漠，没有温度，和孩子之间没有温暖的互动，对孩子的需求和呼唤也没有响应。

心理学上有一个非常著名的实验叫作哈洛猴实验。做实验的心理学家在实验室里面设定了这样一个场景。他们用铁丝做出了两个猴妈妈的模型，并在其中一个"猴妈妈"身上覆盖了一层毛茸茸的皮肤，另一个"猴妈妈"身上没有这层毛茸茸的皮肤，但是绑着一个奶瓶，奶瓶里面有牛奶。

实验的对象是一只小猴子，它被带离妈妈的身边，放到这个实验室里面。然后心理学家就开始观察这只小猴子的行为。他们发现小猴子大部分的时间都待在这个有着毛茸茸的皮肤的"猴妈妈"身上，只有在吃奶的时候才会到那个完全由铁丝构成的没有毛茸茸皮肤的"猴妈妈"那里，而且喝完奶马上就回来，甚至有的时候身体在有皮肤的"猴妈妈"这里，伸长身子去另外一边喝奶。

这个实验揭示出小猴子和猴妈妈之间有皮肤上的接触以及由此带来的亲密感是多么的重要。对于我们人类来讲也是一样，在一些综艺节目上，我们常会听到 20 多岁的成年人也会说希望被"亲亲、抱抱、举高高"。这些亲子之间的肌肤接触是非常重要的，可以给孩子温暖、安全、亲密、依赖的感觉，增强亲子之间的信任和联结。

第二种父母类型叫作"直升机父母"。"直升机父母"就像直升机一样，始终盘旋在孩子的头顶，监控着下面发生的一切。当孩子有任何需要，或者面临任何问题的时候，直升机父母就会直接降落下来，把问题解决，满足孩子的需要。

说到这里，我想起上大学时读到的一个笑话。一个很有钱的人的孩子去上大学，有一天孩子给爸爸写了一封信，信上说："老爸，不要每天再派豪华汽车送我上学了，我的同学们都是坐地铁来上学的。"孩子的本意是说自己和别的同学相比，太高调了，结果这个爸爸回信说："儿子，如果你感觉到难为情的话，我们也买一辆地铁送你上学。"

第三种父母类型叫作"冰壶父母"。看过冰壶运动的人都知道，冰壶运动的一个特点就是运动员要在冰壶将要运行的轨迹上提前把冰面打磨光滑，以把摩擦力降至最低。相较于"直升机父母"，"冰壶父母"会给孩子一定的自主权，保留孩子的能动性，但是也会想尽办法把孩子前进方向上的障碍都提前解除。很多父母善于在孩子成长的路上提前做好各种准备工作，为孩子的未来铺平道路。

在大学的工作让我接触到很多大学生的父母。有一些父母就是直升机类型的，孩子在学校遇到了一些小问题，本来可以通过正常的渠道解决，只要孩子自己出面稍微主动一点找到对应的部门老师，了解相关的政策和流程，就可以自行解决。而父母却时时刻刻监控孩子在学校的动态，一旦得知孩子碰到所谓的困难，马上自己就展开行动，有的时候甚至不惜曲曲折折、大费周章委托多个中间人找到一位在学校工作的老师，希望能够帮助孩子解决问题。对于这样的情景，我们早已习惯了，也充分理解父母的心情。但是我自己也总是会跟这些父母讲，孩子自己的事情就让孩子自己去办，通过这样的方式来锻炼他们的沟通能力和解决问题的能力。

还有一些父母，同样出于爱和对孩子的关注，但他们的做法相对好一些。有一位家长，在他的孩子上学的 4 年期间，每到关键的节点，都会打电话给我，主要是收集信息，同时会分享他的一些想法，包括他如何为孩子做安排，有哪些社会关系可以用，以及每一种方案的利弊取舍等。但是他并不想让孩子知道自己已经悄悄地完成了这样的工作，这就是典型的"冰壶父母"。

家长教养方式背后的经济学动机

我非常赞同《爱、金钱和孩子》一书中作者马赛厄斯和法布里奇奥的观点。他们二人出生在不同的国家，作为生活在美国的欧洲学者，得以有机会观察世界上不同国家的教养方式。在他们所举的例子中，瑞典是鼓励宽容和放任的教养方式的典型，而同样拥有自由育儿文化的瑞士，其教育实践又比瑞典严格得多。但在高要求和执着于学业成就方面，瑞士的家长远不如法国和美国的家长专制，而美国典型的白人"直升机父母"又不如亚裔父母那样严苛。

国家和种族之间教养方式的巨大差异从何而来？一个直接的答案可能是文化差异，例如中国自古以来就是一个尊师重教的国家。但是文化差异是否可以解释一切教育现象？就像马赛厄斯和法布里奇奥就他们自己的经历所分享的："当我们还是孩子时，常常闲逛到太阳落山，自己决定找哪个朋友玩，没有人会检查我们的家庭作业。当我们成为父母后，却为孩子报音乐课和体育课，督促他们做家庭作业……"对于70年代或者80年代出生的中国人来说，以上这段话是否也会引发相似的回忆和感想？看起来不管是在美国还是在中国，很多当代的家长都经历过宽松的童年，但是当自己成为父母的时候，却突然变成了"直升机父母"和"虎爸虎妈"，这背后的原因是什么？

作为经济学家，马赛厄斯和法布里奇奥认为，虽然文化差异是国家和种族之间教养方式巨大差异的一个显而易见的原因，但是文化态度并不是一成不变的，而是随着时间的推移而演变。文化的变化通常是社会经济转型的结果。例如20世纪五六十年代，平均主义是最重要的价值观之一，但是从70年代末开始，经济改革重塑了中国社会及其价值观，通过对个人差异的认可和对企业家精神的鼓励，普通民众可以有跨越阶层的机会，亿万人摆脱了贫苦，全国进入小康社会。作为一名70后，我也切身地感受到了改革开放以来社会和经济领域的快速变化。在经济转型的同时，文化也确实发生了变迁，从集体主义的文化，变成既关注集体主义又强调个性、强调个人奋斗的文化。中国的家长们，特别是那些本身通过高考进入大学而改变了个人命运的家长们，当然相信并坚持通过勤奋努力就能够获得成功。

在第二章，我们了解了发展心理学所提出来的四种教养方式，分别为专断型、放任型、权威型和忽视型。父母养育孩子的时候，难免会借鉴自己儿时的经验和自己父母的经验。但是当我们采用了和父母截然不同的养育方式，或者成为截然不同的父母的时候，我们并不应该认为我们比他们做得更好，而应该相信，假如我们处在我们的父母所处的时代，在同样的情形下，我们的表现应该和我们的父母差不多。

马赛厄斯和法布里奇奥认为，我们用不同的方式抚养和教育子女，相较于我们的上一代，这并不是因为我们有更丰富的知识或更深刻的见解，而是因为当下我们的孩子所处的培养环境和我们当年的成长环境不同。

国家和国家之间的教养方式有差异，一个国家之内的不同阶层的父母的教养方式有差异，一个国家的不同时期的父母的教养方式也有差异。通过对大量社会调研数据和记录的研究，马赛厄斯和法布里奇奥得出了自己的结论。这个结论是从经济学的角度得出的，他们认为，经济学是一门旨在了解人们如何决策的社会科学，而作为父母所做出的决策是我们人生中最重要的决策之一，经济学可以解释家庭如何选择生育孩子的数量、在孩子的成长过程中进行多少教育投资，以及选择怎样的教养方式，特别是在美国和中国等国家，密集的"直升机"式教养方式正在兴起。

但是需要强调的是，虽然马赛厄斯和法布里奇奥从经济学的角度来解释教养方式的不同，但并不意味着他们认为父母对于孩子的教养决策是建立在由金钱动机驱使的自私的基础上的；恰恰相反，他们相信亲子关系主要是出于爱与利他心理，父母总是尽最大的可能为孩子在社会上立足做好准备，父母试图塑造孩子的价值观和行为，为孩子应对未来的挑战做准备。作为父母，我们面临很多的约束条件，例如经济上是否宽松，自身的受教育程度是否可以为孩子提供更多的辅导，工作之余还有多少陪伴孩子的时间，对孩子本身了解的多与少等。

在以上所谈到的经济因素中，并不能将一个确定的关系式与教养方式的选择联系起来，因此其并不是解释教养方式决策的唯一变量。收入的不平等和教育的回报率才是决定教养方式的主要变量。也就是说，影响父母教养方式和行为的关键因素是：教育的成功在多大程度上影响孩子未来的收入水平。

在欧洲的某些国家，例如英国，收入的不平等程度很高，而且收入主要取决于一个人所处的阶层，那么在这个社会中，父母督促孩子使他们脱颖而出并改变阶层的行为就是徒劳的，他们就不太会选择密集型的教养方式，年轻人也不会对上大学趋之若鹜。英国有一部很著名的纪录片，叫作《人生七年》，从 7 岁到 63 岁，每隔 7 年访谈拍摄和记录一次，从中就可以看到不同阶层的孩子是如何成长的，非常值得一看。

在另一些国家，例如美国，收入的不平等程度也很高，但是如果受教育程度高的人的收入比其他人多，父母就会采取密集型的教养方式。总的来说，在收入低不平等和教育回报率低的国家，父母往往更宽容；在收入高不平等和教育回报率高的国家，父母可能更专断。例如，收入的不平等程度在教育环境宽容的瑞典很低，在以入学成绩为导向的瑞士较高，而在被"直升机父母"占据的美国更高。

本书的前述章节介绍了四种不同的教养方式，其中的"专断型"和"权威型"教养方式，由于父母往往更多地参与和介入孩子的学习，因此被合称为"密集型"教养方式。根据上述经济学的观点，父母针对抚养孩子的环境以及他们期望孩子未来可能生存的环境而尽可能地作出最佳反应，他们对于孩子的未来寄予何种期望，他们就会如何行动。

父母通常同时关心着孩子当前的幸福和未来的幸福，他们的行为方式也必然反映了对于这两个目标重要性的权衡。有的父母认为，童年是孩子一生最幸福的时刻，应该以玩为主；而另一些父母可能认为，童年应该努力播种，为了未来的收获而奋斗。这也可以对应马赛厄斯和法布里奇奥对于父母行为两种驱动力的总结，一种为利他主义，另一种为父爱主义。

利他主义的父母总是准备着采取成本高昂但能够增进孩子整体福利的行动，包括可能是金钱意义上的或者是精神意义上的，例如父母为了带孩子去游乐园而牺牲了自己的休息时间。利他主义的父母懂得通过孩子的角度看问题，对孩子具备同理心，这一类父母也比较容易采用放任型的教养方式。

父爱主义的父母也很爱孩子，但是他们认为孩子的自主权应该得到限制。他们不仅关心孩子的福利，还会从成年人的视角来权衡孩子行为的利弊，并因此试图影响孩子的行为。父爱主义的父母更多会采用权威型和专断型的教养方式。

第四章

统计学与教育期望设定

我滑向球将要到达的地方,而不是它已经在的地方。

——美国著名冰球运动员韦恩·格雷茨基

有个朋友跟我说，他带孩子的时候往往孩子笑半天、哭半天。陪孩子玩的时候孩子是开心的，家长心情不好的时候或者带孩子的时候又不得不去处理工作，就容易不耐烦，惹得孩子也不高兴。

养孩子这件事有苦有乐。和孩子在一起的快乐当然不用多说，但我常常见到很多身为父母的人为自己的孩子的行为所困扰，甚至苦恼不堪。于是他们只要见到学心理学的人，就像抓住一根救命稻草，总是有问不完的问题。他们总是很急切地问那些非常具体的问题，例如孩子早上不起床怎么办，写作业慢怎么办，等等。

具体怎么办，得具体问题具体分析，要对孩子有充分的了解，对当时的情形有具体的把握以后，才能给出建议。但是我们要坚信，办法总比困难多。孩子上了幼儿园，继而上了小学以后，出现了很多新的行为，有时候这些行为和父母的预期不一样，有时又和学校以及社会的要求不同，让父母感到无所适从，从而产生了"为什么会这样""到底是怎么了"的困惑。

"小天使"时期：一切都那么完美

十多年前，当我的大儿子一岁左右的时候，我和妻子带他出去旅行。在机场候机的时候，看到旁边两三岁的小孩子跑来跑去，我们就非常羡慕，因为我们自己的孩子还小，要时时刻刻抱在怀里，一步都不能离开大人的照顾，身心都感觉很累。我们和这个小孩子的爸爸妈妈聊天，小孩子的爸爸妈妈说你们不要羡慕我们，反而我们要羡慕你们，你们会发现孩子还是小的时候更好、更省事。现在他是会跑了，可是他会去碰各种各样的东西，周围有各种各样可能伤害他的东西，反倒让大人更费心。

随着我自己孩子的长大，我对这句话的体会越来越深。孩子刚出生的时候，完全没有生活能力，他所有的一切都需要大人来完成，但是他所有的一切也会听从大人的安排，这个时候有一种亲密的、融为一体的感觉。

所有的动物以及人类的后代，小的时候都是非常可爱的。小孩子刚出生的时候，小小的身体，大大的脑袋，一双大眼睛可以和你交流，对于你给予他的声音、动作或者微笑，会做出反应，不由得让人心生怜爱。这恰恰是我们人类在进化过程中非常精妙的设计。孩子刚出生，如果要在这个陌生的世界里生存，就必须依赖于养育者，所以孩子的外表必须具有吸引力，这样能够引发养育者的爱和照顾行为。大眼睛就是一种生物学机制，不管是小猫咪的大眼睛，还是新生儿的大眼睛，或者是动漫里面比例非常夸张的大眼睛，都源于我们人类天生对于大眼睛没有抵抗力，对于大眼睛的小生物会产生保护和照顾的情感和冲动。

我家的两个孩子都是在凌晨时分出生的。出生以后大约两个小时要喂一次奶，也差不多隔一会儿就要换一次尿布。对大人来讲，晚上不能休息，睡眠被剥夺，是非常痛苦的。所幸那个时候比较年轻，在整夜整夜不能够完整睡一觉的情况下，第二天我还能够一早爬起来赶到学校里去给学生上课，一整天的精神状况也非常好。

当小孩子逐渐长大，他或者躺在大人的怀抱里，或者坐在大人的肩头，与养育者形成了非常紧密的关系。这个时候的小家伙就像小天使一样，他看着你笑，会对你说的话做出反应，会模仿你所说的话和动作。看着这个生命中的奇迹，特别是看到他每一天竟然都有那么大的进步——他开始说话了，他学会走路了，他学会自己拿东西了，他学会吃饭了，他竟然也开始读懂电视上的字……你简直可以确信他就是一个天才，并相信等他长大了，上世界名校易如反掌。请大家记住这一点，幼儿时期，孩子的快速学习能力与小学以后的学习行为之间有非常大的不同。父母很容易被幼儿超强的学习行为所迷惑，从而对于后续小学阶段的学习难度和挑战估计不足；或者很容易拿小学时孩子的学习行为和幼儿时期进行对比，错误地得出孩子不努力或者退步了的结论。

小孩子的确是天生的学习家。作为这个星球上的统治者物种的后代，人类的小孩有一段非常长的不成熟期，同时也有一个可塑性非常强的大脑。我一直认为，小孩子就像计算机一样，在出生的时候就已经具备一些预装的软件和能力。比如刚出生的小孩，你只要碰到他的嘴唇，他马上就会做出吮吸的动作。几个月大的孩子，只要能够直立着抱起来，你让他的脚碰到桌面或者床上，他就会马上做出行走的动作。我的大儿子刚刚出生的时候，被护士放在小小的婴儿床上。我在一旁仔细地看着他，结果发现他在对我眨眼睛。我高兴地跟护士讲："我儿子好聪明啊，他在对我眨眼。"结果护士说："你想多了，新生儿刚出生的时候，通过不断地眨眼睛来适应这个世界的光亮。"

幼儿园的三年，很多妈妈忙于帮孩子准备幼儿园所要求的各种各样的手工作业，但这样的作业和要求往往也是一种"甜蜜的负担"。总的来说，幼儿园阶段还是玩玩闹闹的，妈妈们参与到孩子的幼儿园生活中，其实还挺有意思的。到了孩子上小学以后你就会发现，幼儿园的这些要求简直都不能算是压力。

现在的幼儿园大多不允许提前教授小学知识，小家伙们在幼儿园里面要做的就是吃饭、玩游戏、睡觉、做操、和小朋友聊天等。这个时候，孩子对父母的依赖程度仍然是非常大的，父母也已经习惯了为孩子的方方面面做主。同时，另一方面，因为没有学业方面的考核，所有的孩子看起来都是一样的，父母对于孩子的能力仍然会非常自信。

小学：突如其来的学业压力

到了上小学的时候，孩子就会和上幼儿园的时候形成巨大的反差，这往往就是"鸡飞狗跳"时代的开始。一方面，孩子已经长大了，开始有了自主意识，在父母看来，孩子开始不听话了；另一方面，幼儿园时期的孩子看起来差别并不明显，一个个都是那么聪明伶俐，但上了小学以后，同样一个班级里面的学生就开始逐渐显示出差异来了，家长之间容易互相比较，特别是微信等工具的使用，进一步加剧了这种现象。

在父母看起来那么简单的内容，有的时候小家伙就是学了很久也学不会，或者学会了又记不住。在网络上随手一搜，就可以找到很多这样乍一看觉得很搞笑，再一看令人很心酸的父母辅导孩子崩溃到歇斯底里的视频。于是家长们的肾上腺素水平开始快速地飙升。这个打击来得太突然了。加上从这个时候开始，来自方方面面的有关升学、课后辅导班、微信朋友圈"人家的孩子"的优秀表现等信息，就不断地开始加剧家长们的焦虑感。

我相信很多人也经历了这样的心路历程：在孩子上幼儿园的时候，让孩子顺其自然地快乐成长，不让他去上课外辅导班和兴趣班，而是让孩子有足够的时间自由地成长。但是等到孩子上了小学，家长就会被现实"毒打"，一边心里隐隐地觉得不对，一边加入了"鸡娃"大军。

以上大概可以代表很多家长的心路历程。我在本书开始的时候就讲过，我们所要尝试解决的问题不是孩子，我们要解决的问题是我们自己。我们应该如何安放这样一颗焦虑、不安、狂乱的心？最好的办法就是转换自己的定位和角色：除了扮演好全知全能的父母的角色，还要成为孩子的老师和朋友。

父母角色的调整

我们当然是孩子的父母，这一个角色是基本的，是永远不变的。这是我们和孩子之间永恒不变的关系。我们强调在这样一个角色之外，再加上成为孩子的老师和朋友的角色。其实我是想强调，我们要把孩子的生活还给孩子，要让孩子慢慢地明白，生活是他自己的，学习也是他自己的，他是自己的生活和学习的主体。

我们要成为孩子的老师。从狭义上理解，我们现在不得不承担在家里辅导孩子功课的角色。从广义上来说，我们要以身作则，给孩子做出示范，让他了解成长的意义和价值。同时，要求孩子做到的，我们作为家长必须做到。一个家长如果想做好一个老师的角色，就必须认清一些客观的现实，以及这些现实背后的原因。

现在，我们都已经习惯了一个孩子从出生到三岁进入幼儿园，六岁进入小学，然后上初中，继而通过高中或者职业高中，进入大学或者高等职业院校（很多人抵触让孩子上职业院校），最后进入职场，成为一个社会人。实际上，相较于人类漫长的发展史，学校这样一种教育组织形式，其历史并不长。现代形式的学校的历史可能只有几百年，在此之前，一个人的教育主要是由家庭和社会所承担的。

在中国传统社会里，家族所承担和建立的私塾是教育的主要提供者。现在的学校，更多是为了适应工业化大生产而发展出来的。将学习的人集中在一起，一个教师同时对着很多学生讲课，这是一种比较经济的教学方式。学校和工厂有很多相似之处：在工厂里，强调的是纪律以及整体的协调和服从；在学校里，培养的是对集体的融入和对纪律的服从；甚至上下课的方式和上下班的方式都是一样的，那就是打铃。

虽然大部分孩子还不知道为什么要上学就被送进了学校，但我们还是要非常清楚地告诉孩子，上学这件事情并不是他们生活的全部，也不是他们生命的目标。上学只是成长过程中非常重要的一步，这一步可以帮助他们获得身体的成长、智力的发展、情感的发展、交往的能力以及知识的储备，为他们长大成人，独立地在社会上生活和发展做好准备。

在这个过程中，家长作为孩子成长的长期导师，需要秉持一个长期的目标，成为长期主义者。除了学习知识以外，家长需要从各个方面充当孩子的楷模，孩子其实是会从家长身上学到很多东西的。

现代社会，尤其是中国这样一个人口大国，虽然地大物博、资源丰富，但是平均到每个人，数量就比较少了。有一次，我和朋友聊天，这位朋友讲到一个现象，他说我们在提倡很多事物的时候，往往会用一个词——"争做",例如提倡一种美德,这个美德是人人可有的,也是人人可做的,为什么要"争做"呢?这其实代表了我们潜意识里面的一种行为模式,也就是说一定要去争去抢,才能够获得。

进入21世纪,物质资源极大地丰富了,我们的生活也极大地方便了,以前家用汽车很少,现在很多人家里都有了小汽车,甚至有两辆以上。但是在不久的以前,当社会上的物质商品还比较欠缺的时候,要想买到自己想要的商品,就要去挤去抢。在有些大城市里上公交车的时候,如果不挤不抢,用一些斯斯文文的方式,可能很难上去。

之前有一段时间,我印象里大概是2010年前后,大家总是喜欢说"中国式过马路","中国式"的这样,"中国式"的那样,大概是说我们在方方面面都不如欧美国家,有自我批评的意思。当我们说要从国情的角度去分析和理解的时候,往往也会有人跳出来说,别总是拿国情当借口。

到了2020年以后,随着社会经济的进一步发展,随着我国的老百姓越来越多地到世界各地去旅行、工作和交流,很多之前的社会现象已经发生了变化。尤其是对于国外不再盲目赞美,对于我们本国也不再一味地妄自菲薄。老百姓的行为举止也发生了很大变化,例如疫情期间很多小区门口的外卖、网购的商品都是放置在一个公共的架子上,好像也没有人担心丢失的问题。这其实和我们之前所讲的以需求分析为视角来看待问题是分不开的。当物质生活足够丰富以后，人们的行为模式也会发生改变，进而有了更高一层的精神需求。我们的祖先早就讲过，"仓廪实而知礼节，衣食足而知荣辱"。

显然，现在孩子们的升学路径已经比原来多了很多。我当年考大学的时候，大概10个高中生里面只有1个能考上大学。现在，每10个高中生里面大概有七八个能够考上大学，同时还有很多人高中毕业以后就直接出国留学了。虽然中国每年会招收900多万大学新生，但是按照之前的统计，中国每年可能有将近1 700万或者1 800万的适龄人口。另外，考虑到上学这件事情在经济上和地域上的不平衡，所以对每一个家庭来说，上学仍然是一件竞争激烈的事情。

我在刚刚进入大学工作的时候曾参与学校的招生工作，看到我所负责的一些省份，同时也看到全国每年的高考招生的人数在不断增加。特别是看到高考的大学毛入学率达到85%，我的心情特别好。因为单从这个数字来看，也就是说100个孩子里面就会有85个能够上大学。虽然那个时候我的孩子还小，但是我觉得他应该不用太辛苦也能够上大学。随后我才了解到，85%这一数字是以高考报名人数为基础的。实际上，孩子们在初中升高中的时候就进行了分流。特别是在一些省份，差不多有一半的孩子，甚至一半多的孩子是不能进入普通高中的，而是被分流到了职业高中。这个事实让我的焦虑感一下子提升上来了。

现在还流行一个词，叫作"小镇做题家"。我没有对此现象做过详细的了解，但是从名字上来看，应该是指那些出生在小镇，经过了非常努力的刷题过程，成功地通过了各种考试，进入大学学习，并在大学毕业以后进入城市工作并留在城市生活的人。

我们说，每一个人当他在做出一个判断或者做出一种分析的时候，必然要以他自己大脑里面的所有的知识和经验作为依据来进行判断。不管是"小镇做题家"也好，还是社会上的任何一个人也好，对于"路径依赖"，大家都无法逃脱。通过读书、考试、刷题改变命运的人，在认知里也会觉得，自己的孩子也必须通过这样的方式来获得竞争的胜利。况且如我们前面所述，作为一种社会秩序，孩子们到了适龄的时候就要进入学校学习。然后，这样一个"以学习代替所有一切，以学习成绩作为衡量孩子一切"的过程，就开始自我加强，不断重复。

家长要做好孩子的老师，首先要打破"上学就是一切，学习成绩就是一切"的认知，把目光放长远，延伸到孩子30岁、40岁甚至60岁的样子，看看在这些年以后，整个社会可能的发展方向和情景。不是说激烈的竞争不好，也不是说上学的时候对孩子严格要求是一种错误，而是说就像你在跑步比赛过程中，努力地跑固然非常重要，但是更要知道往哪里跑，前进的方向比跑得快更重要。否则，可能跑得非常努力，但是偏离了正确的方向，结果跑得越快，偏离也越远。打破已有的认知是做出改变的首要前提。

教会孩子有关生活的知识，这是我们作为孩子的启蒙老师的另外一个非常重要的任务。孩子本来是具备非常强大的学习能力的，或者说孩子本身也是有非常强大的适应能力的。如果家长在孩子的成长过程中，把孩子所有的事情都包办了，需要做的决定也都由家长给做好了，考虑到孩子本身强大的适应能力，那么他很快地就会放弃主动思考以及自主决策的行为模式。人本身的惰性是很强的，举个小例子，我的办公室里的花草都是我自己浇水的。后来我才知道，物业的工作内容里面本来就包括给花草浇水，物业工作人员非常好，在我出差不在的时候看到花草缺水，就会帮我浇水。我看到有人帮我浇水以后，再也不会担心花草会缺水，久而久之也想不起来要去给花草浇水了。如果我们在孩子还小的时候，就把学习成绩当作对他的全部的要求，为了他能够全身心地学习，把所有的事情都做了，等到孩子大学毕业工作以后，可能就会发现孩子连自己的生活都不能料理好，还是需要大人来照顾，甚至有的人还需要跟父母住在一起，不能独立生活，这个时候再要求他具备独立能力就为时已晚了。

作为孩子的启蒙老师，我们还要给孩子做示范，告诉他这个世界是很精彩的，工作虽然有时候很忙很累很辛苦，但是有意义的。很小的孩子可能不能够理解，大人是如何在繁忙中平衡工作生活和照顾孩子的。也许到了小学以后，孩子就会慢慢地明白父母对整个家庭的付出。如果我们灌输给孩子的逻辑是你要努力学习，上一个好的幼儿园，这样你才能够上一个好的小学，然后你就可以上一个好的初中，再然后你就可以考一个好的高中，最后你可以考上一个非常好的大学……孩子往往会问，考上大学又是为了什么呢？大多数家长会说考上好的大学，这样你就可以有一份好的工作。我们假如要让孩子接受这样一套逻辑，那么我们也需要注意，孩子往往能够看到很多我们看不到的事情。如果作为家长的我们对待工作的态度是消极的，对待生活的态度是消极的，那么我们就很难鼓励自己的孩子相信要为了那样一份好工作去努力。

我们要成为孩子的朋友。作为朋友的两个人之间，首先是平等的。如果朋友之间的地位是不平等的，有一个人高高在上，另一个人渺小低微，这样的朋友关系是不健康的，也不会长久。往往很多时候大人们不太注意孩子们的感受。这样的一个行为习惯，很可能源于孩子自出生以后，所有的一切都是由大人掌控的。到了孩子懂事之后，大人已经习惯了原来的行为方式，在他们的意识里面也不存在要把孩子当一回事这样的思想。而这时候，孩子其实是在乎自己的自尊的。所以我们跟孩子做朋友，就要从态度上跟孩子平等相处，这其中的底层逻辑就是培养孩子的自尊心。

养育孩子的目的，以及所有的教育过程，都是为了培养出人格独立、具备健康体魄和心理的人，而不是培养出事事都听从于父母，甚至长大成人后还不能独立工作的人，或者在工作中不能独立完成任务，事事都依赖父母的人。但是要把孩子培养成独立的人，并不能完全撒手不管。家长要去管，但是管到什么程度，如何管，是需要把握好分寸的。作为成年人，我们在社会上往往得益于家人和朋友的支持，才能够在无助的时候克服困难，在孤独的时候有人陪伴。我们要做孩子的朋友，也要从支持他的角度去考虑。

两个既有认知的改变

在父母角色定位调整的过程中，有两个已经形成多年的认知是需要改变的：第一个是，孩子完全依赖于我们，我们已经习惯自动化地去帮孩子解决问题，我们可能习惯性地认为孩子需要我们的帮助和管理；第二个是，孩子在小的时候表现出非常强的学习能力，我们会在潜意识里认为孩子在小学以后还能表现出那么强的学习能力，一旦出现学习成绩不如我们所期望的，就会认为孩子学习态度有问题。

对于第一点，我简要地介绍一下我自己的经历。这一点在 2020 年 12 月左右的一期苏州综合广播《911 家长会》节目里我也谈到过。我之前没有意识到，在辅导和帮助儿子学习的时候，是我自己太着急了。看到儿子有一个字好半天也写不出来，我就会马上拿起笔写给他看；在背书的时候，当儿子想不起某一个句子的时候，我也会马上给他提示。在儿子很小的时候，他不敢提出反对的意见，但到五年级的时候，他开始表达对我的不满，他告诉我："爸爸，我自己会的，你不要那么着急。"我这才从意识上有了觉知。儿子从出生到现在，我其实已经习惯了事事为他提供帮助的行为模式。自从儿子提出反对意见后，我才开始有意识地控制自己的行为。在我做《911家长会》节目的时候，恰逢儿子期末考试复习阶段。我在节目里也说了，有好几次，我把自己已经伸出去的手硬生生地给拉了回来。

根据我的观察，如果给孩子一定的时间，控制好自己的一颗焦躁的心，孩子往往能够自己解决问题，在这个过程中增强自信心和解决问题的能力。所以，现在在观察孩子学习状态的时候，我都会假装在做其他的事情，以路过的方式悄悄地看一眼，尽量不去打扰他。

很多父母已经习惯了孩子出生以后所养成的习惯，那就是为孩子包办一切。有的父母在孩子上了大学还不肯放手，时时处处关注着孩子的一切，甚至当孩子有意逃离自己掌控的时候，还通过各种渠道打听和了解孩子的日常情况。这样的家长往往会说是孩子离不开他们，但很可能是家长自己还没有成熟，从心理上离不开孩子。如果孩子已经习惯了事事都有家长出面搞定，那么对于那些应该自己去办并且有能力办好的事情，他们也不自己动手，而是告知父母，然后父母发动亲友，绕了几个圈子托人来找学校的老师，而这样做的目的，往往可能就是弄明白学校的某一项政策或者任务安排，而要获得这样的信息，学生本来只需关注自己的邮件，或者找辅导员，或者到职能部门咨询一下就可以了。

有些孩子，由于在成长过程中完全没有自己可以决定的事情，到了大学容易放飞自我。脱离了父母的严格管束，没有了高中班主任和任课老师严厉的鞭策和驱动，到了大学，自己想怎么干就怎么干，特别容易受到电子游戏的诱惑而不能自拔，导致功课落后，学业压力大，从而进一步出现沉迷游戏等逃避行为。对自己的事务的掌控力，对于一个人的效能感和自尊是很重要的。对于生活缺乏掌控感，是压力的主要来源。

对于第二点，家长要避免把所有的事情都归咎于孩子的态度问题。在孩子上小学之前，他们的活动其实并不是真正地进行知识的学习。另外，孩子在婴幼儿时期所表现出的强大的学习能力，例如孩子每一天都能够表现出令人惊喜的成长，是生物学赋予人类的"成长密码"，是人的本能，对于人的生存具有重大意义。

在这些学习过程中，作为大人并不需要介入太多。例如学习使用筷子这件事情，有的孩子学得快，有的孩子学得慢，但是基本上都能学会。然而，学习书本知识则是一件完全不同的事情，而且有一个事实我们必须承认，那就是现在的孩子所学的内容比我们小的时候要难得多。我看到自己孩子四五年级时的英语试卷，已经相当于 20 世纪 90 年代初三或者高一的难度了。

孩子在上小学以前所表现出来的优秀的学习能力和不断能够获得成就的这样一些经验，会与其上了小学以后所表现出来的在学习方面的缓慢进展形成极大的反差，有的时候会让父母非常有挫败感。孩子从出生到幼儿园毕业的六年的成长经验，会让父母觉得自己的孩子能力非常强，而现在学业成绩如果不理想，父母首先会归因于孩子的态度问题，这对孩子是不公平的。

下面一张图片来源于网络，以幽默诙谐的风格描述了在孩子成长的不同阶段，父母的心理预期的变化。孩子小时候的快速学习能力容易让父母产生孩子是"小天才"的错觉，也很自然地对孩子未来的发展抱有无限可能的预期。但是随着孩子逐渐长大，在现有整齐划一的学校系统之内，孩子们的表现和学业成绩开始出现差异，家长们的心态也逐渐回归现实，只要孩子能够健康成长，顺利结婚生子就可以了。也许当一个人老了，回顾自己培养孩子一路走来的历程，发现大致是沿着图中这样一条路径走的，但是身处某一具体阶段的时候，又当然不会也不愿意"躺平"，总是要努力争取一下。

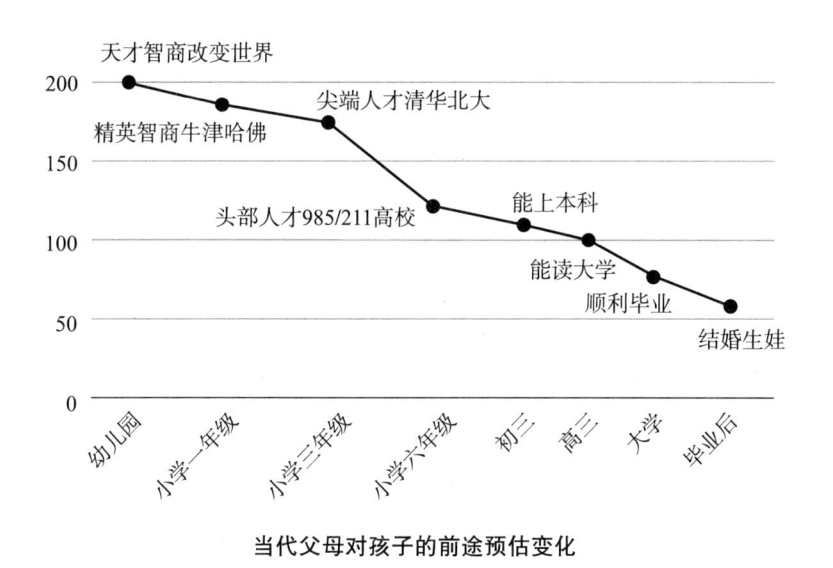

当代父母对孩子的前途预估变化

均值回归

中国人常常讲"望子成龙""望女成凤"，总是希望下一代比自己更优秀，过得比自己更好；西方人说的"三代培养一个贵族"体现的是也是同样的思想。但是，科学研究告诉我们，这样的想法不符合生物学规律。

丹尼尔·卡尼曼（Daniel Kahneman）是一位获得了诺贝尔经济学奖的心理学家。他的著作《思考，快与慢》是一本有关人们如何思考、判断和决策的书，其论述的基础来源于大量的心理学实验和科学研究。在《思考，快与慢》的第17章，他介绍了"均值回归"的概念，即所有表现都会回归平均值。这是什么意思呢？与我们的亲子教育有关系吗？

我们先来回答一个问题：在技能训练里，对良好表现的嘉奖和对错误的惩罚，哪个更有效？

如果你学习过有关行为实验里面的操作性条件反射，从心理学的角度来说，正确答案是"对良好表现的嘉奖更有效"，对行为养成的主体采用惩罚措施也会有效，但是效果不能持久。

但是卡尼曼在一次为以色列的飞行教练做关于高效训练的心理学课程的时候，一位非常资深的教练认为上述观点也许对鸟有作用，但是对人不管用。他认为，很多时候在表扬了那些完美的特技飞行动作之后，下一次飞行员在尝试同样动作的时候通常会表现得差一些；相反，那些没有飞好的飞行员被怒骂了以后，下一次往往都会表现得更好。所以他认为，嘉奖没用，惩罚才有用。

由此卡尼曼顿悟到，飞行教练的观察虽然是精确到位的，但却是彻底错误的。从统计学方面来看，飞行员两次飞行的表现就是"回归均值"现象，"这种现象与表现质量的随机波动相关"。一般来说，只有学员的表现远远超过平均值时才会得到教练的表扬，但只是恰好在那一次表现得好，而下一次又变差。同理，某一次糟糕的表现也是远远低于平均值才会招致怒吼，但下一次又会变好。这种好坏之间的变化，是一种随机的波动，而不是教练所说的那样，是因果关系。这里的重点在于，第二次的表现和第一次的表现并无因果关系。

为了证明这一和日常感受相违背的原理，卡尼曼在现场和所有的教练一起做了测试，测试的内容是背对着一个地上的靶子来扔硬币，每人扔两次，以硬币到靶子的距离作为衡量成绩好坏的依据。之后的统计数据显示，第一次投掷得比较好的人第二次大都投掷得不好，而第一次没有投掷好的人第二次大都有了进步。

卡尼曼随后对于回归效应进一步进行了论证，所使用的例子就是高水平高尔夫球比赛。选手第一天和第二天的比赛成绩也呈现出明显的"均值回归"现象，也就是如果第一天表现得非常不错，第二天往往会表现得差一些，因为除了选手的打球天赋以外，当天的天气等运气因素也会起作用。这种现象其实随处可见，例如《思考，快与慢》中列举的凡是登上《体育画报》封面的运动员，在下一个赛季都表现欠佳。如果从因果关系解释，那就是过度自信和人们期望过高，给登上封面的运动员造成了过高的压力。从回归效应的统计学角度解释，上一个赛季的优异表现也许只是运气，而下一个赛季运气可能消失了。

人们往往不太愿意接受随机波动这样的事实，因为从本性上来讲，人们习惯于因果解释，会为所有的事情找一个理由。这一现象在股市这样的经济现象上表现得最充分。例如，如果今天股市上涨，大家都会说由于某种利好消息或者政策或者事件，导致今天股市上涨。如果股市下跌，大家又会说由于某些利空消息或者政策或者事件，导致今天股市下跌。但是股市是由千千万万人所构成的交易市场，股市的波动大多数时候其实是随机的，无法准确预测，但是人们一定要给予当天的股市一个事后的解释。从心理学的角度来解释，人类是一定要为自己的行为或者某件事情的结果找一个合理化解释的，这是确保我们心理状态稳定和健康的一个机制，否则我们可能会不断地处在矛盾和冲击的状况中。

卡尼曼认为，"回归均值"现象的意义不亚于万有引力，并介绍了弗朗西斯·高尔顿（Francis Galton）的研究。大家对弗朗西斯·高尔顿也许不熟悉，但是如果说他是著名的查尔斯·达尔文（Charles Darwin）的表兄，大家可能就容易记住了。高尔顿也是19世纪英国的著名学者，他在1886年发表的《在遗传的身长中向中等身长的回归》一文中，通过对连续子代的种子大小的测量以及对子代株高和母本株高的比较发现，"子代的高度和母本高度似乎并不相关，但似乎前者比后者更趋于平均。如果母本较高，那么子代就会变矮；如果母本较矮，那么子代就会变高。实验显示，子代向平均值的回归与母本高矮的差异是成比例的"。

调整自己的教育期望

我们之前讲过，因为父母对于孩子的深深的爱，驱动着父母要为孩子的未来而行动。通过努力和奋斗获得美好的未来，既被很多父母自己的成长奋斗史所证明，又被现实世界中各类焦虑信息所不断加强，更被对于未来的未知恐惧所驱动。还有一些父母，他们自己可能在之前有过一些没有实现的人生梦想，于是寄希望于自己的孩子去实现，例如，没有接受过高等教育的人更希望自己的孩子能够上大学。

"均值回归"理论既适用于生物学，也适用于研究社会现象。我们固然希望能够一代更比一代强，也确实在生活中看到了一代更比一代强的案例，却有意或者无意间忽略了古语所说的"富不过三代"。大学教授的孩子未必能够再成为教授，著名企业家的孩子也未必能够成为新一代掌门人。如果稍加计算，就很容易知道，全国每年的高考生里面能够考上985高校的大约占1%，父母毕业于985高校的孩子未必一定能够考上985高校。而考上了好大学的孩子的家长，也未必一定就是读过大学的。我们确实需要调整自己的认知，接受大部分的人终将归于平凡的事实。

仔细想想，谁又不是平凡的人呢？生活中并不是每一天都是轰轰烈烈的。能够接受孩子不如自己（或者说孩子的未来可能与自己有很大的不同，也可能有不一样的精彩），是一种大智慧，既放过了孩子，也放过了自己。有人也许会出来挑战，难道就应该放弃努力吗？不挑战一下又怎么知道不行？这个问题就涉及对程度的把握，接受"均值回归"规律，降低对教育的期望，并不代表放弃努力，而是以更客观和平和的心态安排对子女的教育。换一句话说，古人也讲过"儿孙自有儿孙福",不按照你的安排去努力,按照孩子自己的兴趣和认知去发展,谁又能断定他没有理想的未来呢?我们中的每一位,谁又能够在小的时候就知道今天所从事的职业和现状呢?

如同在工作中所采用的方法一样,我喜欢从问题的根本出发,着眼去做一些研究,从而找到解决问题的方法,对教育也一样。

作为一名大学老师,我主要的关注点在高等教育领域,比如如何在大学更好地教学,如何更好地采用一些学习方法,以及科学技术是如何影响我们大脑的认知的。在我有了孩子以及陪伴孩子成长的过程中,我发现自己对于孩子的教育竟然没有任何可以使用的方法和工具,一切仅凭感觉行事。

开始,我相信自己可以做得好,毕竟自己也是从一个小孩成长起来的。我最常对孩子说的一句话是:"我也是上过小学的。"但是说这句话的时候,我忽略了一个问题,那就是现在小孩子所处的社会的发展阶段,和我小的时候是完全不一样的。我上小学的时候,电话是一个非常稀罕的东西,马路上的主要交通工具是自行车,计算机要等很多年以后才会出现在中国人的家庭里面。而现在的小孩子,如果出生在 1995 年以后,就算是数字时代的"原住民"了。他们从一开始就浸泡在信息化的环境里,他们所学习的课程体系和教材也和我们小时候的完全不一样。

另外,我们记忆中的自己和实际中的自己往往是不一样的。去年我回老家,我的爸爸给我看我小学时候的学习手册,那上面记录着我小学每个学期的成绩。在我父母和亲戚的描述中,我的成绩一直都是很优秀的。我自己印象中也是这样的，或许也被这样的信息所强化，我一直以"学霸"自居。但是在翻看小学学习手册的时候我才发现，我的成绩从四年级开始到五年级和六年级是越来越好的，之前也不怎么样，仍然偶尔会出现有的科目只考70多分的情况。我把我的学习手册拿给我的大儿子看，他以自己常见的搞笑方式指着我那些只考了70多分的科目，扮鬼脸并哈哈大笑。

我一直笃信四个字：莫向外求。在家庭教育的情境下对这四个字进行阐释，就是不要试图完全从孩子身上去发现和解决问题，而是从自己身上去寻找解决问题的方法。很多时候，如果我们自己改变了，就会发现家庭和孩子也改变了。如果根据自己的已有经验无法解决，那么我们就应该像在工作中一样，认认真真、踏踏实实地去学习发展心理学、教育心理学和认知心理学。

第五章
教育中的本和末

不要把指向月亮的手指误认为是月亮。

——禅宗谚语

我曾受邀到我儿子的学校去给同学们上一堂课。在这堂课上，我向孩子们提了两个问题：第一个问题是，你为什么要来上学？第二个问题是，如果赋予学习这件事一种味道，你觉得它会是什么味道的？

为了什么而读书？

根据我自己的学习经验，或者说根据我的一些非常有限的观察，我认为当今的学校教育很少涉及教孩子如何去学习。也就是说，孩子们只要去学习就好了，只要按照老师所教的去完成作业和练习就好了，只要按照一定的节奏去参加考试并力争取得好成绩就好了，只要在考试前大量背诵和刷题就好了，但是好像遗漏了一件最重要的事情——学习的动机。

其实，如果说学校教育没有告诉孩子们为什么要学习，对于学校来讲是不公平的。很多课文也讲到了为什么要学习，比如我们小的时候就学过周恩来总理"为中华之崛起而读书"的故事。20世纪80年代，虽然媒体通讯并不发达，但是通过报纸和电视，我们也了解到，当时我们所处的年代，物质资源不充分，各方面的社会发展比较落后。我们也隐隐约约地感觉到有一些国家发展得非常好，非常现代，非常先进，所以作为小孩子，我们会产生要努力奋斗，为了改变自己的生活，为了国家去读书的意识。另外，在20世纪80年代，虽然社会的整体财富并不丰富，但是也有的家庭相对比较富裕。有的孩子住在楼房里，有的孩子住在平房里；有的孩子有零花钱，有的孩子没有零花钱。这样一些差距也会让孩子产生"想要改变自己的生活只有靠努力读书"的动机。

现在，我们不说整个中国（因为经济发展有地区的不平衡性），对于大多数中国的孩子来讲，都已经处于衣食无忧的状态。孩子出生以后便受到爸爸妈妈、爷爷奶奶、外公外婆无微不至的关怀和照顾，生活并不匮乏，因此出于改变自己的生活状态而努力的动机是缺失的。

至于对国外的向往，从我自己的观察来看，现在的孩子愿意出国并定居的意愿并不强。有的孩子去过很多国家，从旅游经验中他们得出一个结论，那就是中国比外国好。在信息社会里，外国和这个世界是什么样的，大家都了如指掌。在我所居住的城市苏州，大量的外国人在这里生活和工作。我们可以看到一个趋势，那就是全世界的资源和人才将会慢慢地向中国聚拢，中国的人才也将会大量地留在本国发展。我经常跟自己的学生讲，我们努力学习不是为了将来出国学习并在国外找份工作，或者为了进入外企做一份普通的工作，我们学习是为了将来能够更好地让中国参与国际事务，也要做好参与全球竞争的准备，因为即使你不出国工作，外国人也要到中国工作，这样不可避免地会产生工作机会上的竞争。

当我在课堂上向小学生提出"你为什么要来上学"这一问题的时候，我得到的回答丝毫不出意外。有的孩子非常认真地举手，站起来也很认真地回答说："我们要为了国家和社会而读书。"这是一个中规中矩的回答，也是一个非常标准的正确答案。其实，我期待着听到孩子们不同的回答，我期待着能听到一些个性化的回答，听到一些更接地气的回答。如果说一个三年级的孩子已经能够理解家和国这样宏大的概念，我是很佩服的。但是我们都知道，从心理学上来讲，一个孩子还不能够产生对于长期目标的坚定的信念。也就是说，如果你跟一个孩子讲，你现在好好做这件事情，那么10年以后你将会受益，这个激励方法可能不大管用。但如果你说你现在好好地做这件事情，下个礼拜你将会受益，那么孩子可能就会非常积极努力地去做了。这是由孩子的心理发展特点决定的。

学习是什么味道的？

我在课堂上也问孩子们学习是什么味道的，有的孩子回答说学习是苦的，有的孩子回答说学习是甜的，还有一个胖胖的小男孩说学习是又苦又甜的。

这个问题其实想揭示的是，孩子们对于学习这件事情的认知和感受。很多家长习惯于把学习描述成一件非常苦的事情。"书山有路勤为径，学海无涯苦作舟。"我们小的时候还学习了很多关于刻苦学习的案例，如"凿壁偷光""程门立雪"。这些古人学习的案例，对当时的我是很有启发意义的。因为那个时候我们的学习条件确实比较艰苦，信息资源非常有限，获得知识的主要途径是学校和老师。

还有一些俗语，我觉得可能不适合跟现在的孩子们讲了，比如"头悬梁，锥刺股"。这句话对成人来讲可能没有问题，因为成人不会按照字面意思去理解，成人会把它当作一种奋斗精神的表达。但是对于孩子们来讲，特别是对于很小的孩子来讲，可能会吓到他们。

从本性上讲，人都喜欢甜的东西而不喜欢苦的东西。反过来说，我们也要把学习作为一件积极而美好的事情讲给我们的孩子听，演示给我们的孩子看，让孩子能够切实地在学习中体会到快乐。当孩子在学习中体会到这种快乐感、成就感、自我效能感的时候，自然就会努力学习了。如果你跟他讲学习的过程中需要把头发绑在房梁上面，这样就能避免自己过早入睡，或者要拿一把锥子在自己的腿上扎一下，这种感觉会自然地在孩子的大脑里引起负面的、抵触的情绪。所以，学习应该是一种奖励，是人生中最幸福的一段时光。能够自由自在、无忧无虑地去学习和掌握这个世界的知识，去探索，去发展，这是多么美好的一种感觉呀！如果把学习描绘得苦哈哈的，让孩子体会不到快乐，那么学习就变成了一种负担，孩子表面上虽然迫于家长的权威或者各种约束条件不得不学，但内心肯定是不情愿的。

需求，也是动机

在本书之前的章节里，我介绍了一些有争议的教育现象，并以需求作为分析的切入点尝试进行了探讨。从心理学来讲，需求也就是我们常说的动机，而动机的定义是"驱动行为所产生的动力"。

很多教育机构是市场导向的，孩子的学习有没有效果，直接决定了家长会不会继续付费。所以对于这些教育机构来说，教师学习如何激发学生的学习动机，就是一个很重要的课题。同时，对于家长来讲，如何激发孩子的学习动机，更是必备技能。

但是现在家庭教育或者学校教育常常面临的一个困境是孩子学习动力不足。从现象上来讲，动力不足经常被教师批评为孩子态度不端正。当一个孩子不按照老师的要求按部就班地学习时，当一个孩子消极应对家长所安排的各种科目时，当一个孩子做作业表现得拖拖拉拉时，我们一定要记住其所表现出来的这些叫作"行为"，千万不要轻易地用"态度"来批评孩子，因为态度是一个主观判断。

人最复杂的地方就在于同样一个行为之下，可能会有不同的动机。比如同样表现为学习非常积极努力，其行为之下的动机很可能是为了让自己的父母感觉到高兴，或者是想得到父母的肯定、表扬甚至奖励，或者是为了在老师的眼中成为一个好学生、得到学校的表扬，甚至就是想在同辈中表现得不一样，当然也不排除在家庭经济困难的状况下，孩子要通过努力奋斗改变自己的命运。

从另一个方面来讲，当孩子的学习行为表现为不积极不努力的时候，其背后的动机也许是为了表达某种不满，抗议父母对自己关注的不足，或者是自己没有办法为自己的事情做决策，或者干脆是不明白为什么要学习。还有的孩子面临心理或者生理上的某种困难，以至于不能够像其他孩子一样正常学习。

在前面的章节中，我从比较宏观的层面对如何看待教育这件事情进行了分析，出发点是从需求开始的。接下来，我将从另外一个角度，由内而外地分析，来看一看在具体教育过程中，应该秉持怎样的思考方式。这就是我在之前所讲过的"有招"的部分。"有招"是一种工具，是一种思考框架。因为这个世界太复杂了，我们所面临的情况千变万化，所以没有办法为具体的某一个情景、某一个问题提供一个非常清楚的答案。那么如何应对呢？这就需要我们有一套理性的、合理的经过检验的思考框架，从这种思考框架中可以产生具体的应对方法，这就是我所说的"无招"了。

石匠的故事

彼得·德鲁克（Peter F. Drucker）在其《管理的实践》一书中讲了一个故事。

一位神父路过一个建筑工地的时候看到了三个石匠。他问第一个石匠："你在干什么?"这位石匠回答说："我在养家糊口。"他又问第二个石匠,第二个石匠说："我正在做全国最好的石匠活儿。"而对于同一个问题,第三个石匠回答说："我正在建造一座大教堂。"

当听到神父的问题的时候,第一位石匠的回答描述了一个事实。因为对于这位石匠来讲,他可能确实是为了养家糊口才做这样一份艰苦的工作。第二位石匠的回答描述了一个过程——干石匠活儿,而且他要做全国最好的石匠活儿。第三位石匠的回答描述了一个根本的愿景和原因,也就是为什么要做这份工作。

从管理学的角度来说,德鲁克认为第三个石匠才是真正的管理者。

三个强盗的故事

我家孩子小时候非常喜欢听故事,有的故事我要反复地读,读到最后我基本上都可以背诵了。其中有一个故事小家伙非常爱听,这个故事的名字叫作《三个强盗的故事》。

从前,有三个凶恶的强盗,他们总是穿着黑色的衣服,在晚上出来抢劫过路的行人。第一个强盗有一个可以撒胡椒粉的喷壶,第二个强盗有一把吓人的红斧头,第三个强盗有一支喇叭枪。

在拦路抢劫的时候,第一个强盗先用喷壶把胡椒粉喷出去,喷到马的眼睛上,拉车的马就不得不停下来。第二个强盗用大斧头把马车的车轮砍断。第三个强盗用喇叭枪威胁车上的乘客下车，然后他们把乘客的金银财宝全部抢走。

就这样，他们抢了很多的金银财宝，并把这些金银财宝藏在高高的山上的一个山洞里。但是他们从来没有用过这些金银财宝，每天仍然穿着黑色的衣服，拿着各种武器到路边去抢劫。

直到有一天，他们拦下了一辆过往的马车。马车上没有金银财宝，只有一个叫作芬妮的孤儿。小芬妮要去投靠的亲戚是一个坏心肠的人，所以三个强盗用暖和的斗篷把小芬妮包起来带走了。在山洞里面，他们为芬妮准备了一个舒服的房间。第二天起来，芬妮看到了满山洞的金银财宝，就问三个强盗这些金银财宝是用来做什么的。三个强盗结结巴巴地说不出话来，因为他们从来也没想过要用这些金银财宝。

为了把这些金银财宝用掉，三个强盗开始外出，把那些走丢了的小孩、没人要的小孩、不开心的小孩通通带了回来。他们还买了一座美丽的城堡，让这些小孩在里面生活。小孩子们长大结了婚，就在这座城堡外面盖起了自己的房子，同时建起三座高高的塔，纪念他们的三位养父。

这真的是一个非常好的故事，情节跌宕起伏，对孩子很有吸引力，而且从头到尾并没有生硬地想要去讲一个道理。我只知道自己的孩子非常喜欢这个故事，我也从来没有跟他们去探讨从这个故事里面可以学会什么。

但是我一直觉得这个故事是给大人看的，里面的那三个强盗就是每天忙忙碌碌的成年人。

你看那三个强盗，第一，他们都很专业，有的善于使用大斧头，有的善于使用撒胡椒粉的喷壶，有的善于使用喇叭枪，他们都有自己的专业领域和分工；第二，他们非常敬业和勤奋，每天晚上都要出来工作，到路边拦截过往的马车并且抢到了很多金银财宝，获得了收入；第三，他们都很忙，忙到有时间挣钱却没有时间花钱，甚至连花钱的意识都没有。这是不是跟在职场上忙碌的父母很像呢？

在我们的生命中，孩子往往是带着意外惊喜来到我们生活中的。就像这三个忙碌的强盗一样，我们突然间就遇到了自己生命中的孩子。这个故事中使用了非常多的隐喻，用温暖的小毯子把孩子抱回去，给孩子准备温暖舒适的房间和柔软的床，这都是我们在生活中用来迎接自己的新生小宝贝的方法。

小家伙的到来，促使我们思考一个问题，那就是我们每天忙忙碌碌的价值和意义。就像小芬妮所问的："这满屋子金光闪闪的金银财宝是干什么用的呢？"我们可以把这个问题换一种角度：我们这些既为人父母又身在职场的人，每天的忙忙碌碌都是为了什么呢？是为了获得收入，还是要通过获得的收入去实现某种生活上的意义？

同样，我们还可以再换一种角度，从家庭教育的方面来提问：孩子们每天忙忙碌碌地刷题、做作业、上各种各样的课程是为了什么呢？是为了本身所学的那些知识，还是要通过这些知识去实现某种生活上的意义？

当我每天都非常机械地陷入一种忙忙碌碌的被动的工作状态或

者繁忙的状态里的时候,我都会回想起这三个强盗的故事,仔细地琢磨一下其中的隐喻。三个强盗及时醒悟过来,用积累的金银财宝买了一座大大的城堡,然后把那些走丢了的小孩、没人要的小孩、不开心的小孩子都带回城堡里生活。这又是故事里面的另外一个隐喻,那些走丢了的小孩、没人要的小孩、不开心的小孩就是被父母们以日常忙碌为借口所忽视的孩子们。城堡象征着安全和稳定的生活保障,住在城堡里,就像在父母的怀抱里一样温暖和安全。当我们为了孩子而忙碌的时候,恰恰忘了我们忙碌的最终目的是孩子的幸福和快乐。

由内而外的思维方式

不管是三个石匠的故事,还是三个强盗的故事,都体现出一种思维方式,那就是从表层的"是什么",到中间的"怎么做",再到内核的"为什么",它有着三层的内外逻辑关系。

营销大师西蒙·斯涅克(Simon Sinek)提出的黄金圈法则,是一种从"为什么"开始,到"怎么做",再到"是什么"的思维框架和工具。黄金圈法则最开始是斯涅克为了更好地卖出自己的产品而创造的一种营销法则。在 TED 的演讲[①]里面,斯涅克不断地重复一句话:People don't buy what you do, they buy why you do it.(人

---

① https://www.ted.com/talks/simon_sinek_how_great_leaders_inspire_action/transcript?language=zh-tw#t-1062566

们不管你做什么，而是在意你为什么这么做。）

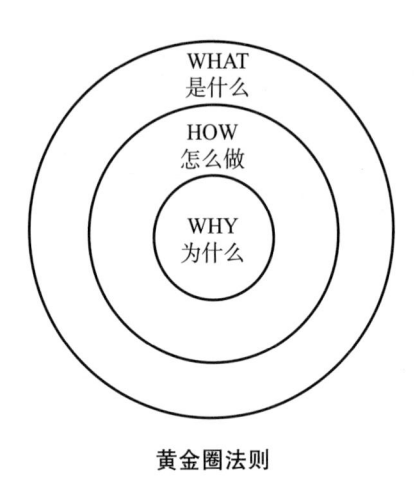

```
        WHAT
        是什么
      HOW
      怎么做
    WHY
    为什么
```

黄金圈法则

斯涅克在著作《从"为什么"开始：伟大的领导者如何激发每个人付诸行动》里对此进行了更详细的分析。他以苹果公司为例，提出如下问题：世界上所有的电脑公司都有同样有才华的人，都有同样的市场渠道，都有同样的广告商、同样的顾问公司、同样的媒体，为什么只有苹果公司年复一年都能比其他竞争对手更有创意？

如果苹果公司的设计理念和营销理念是从外到内的，我们这样说——"我们制造最棒的电脑"，这是在"是什么"的层面进行解释。"我们的电脑有优秀的设计容易上手"，这是在"怎么做"的层面进行解释。"所以你愿意买一台我们的电脑吗"，这是大多数的业务销售方式。

如果把讲述的顺序变一下，从黄金圈的最里面一层开始，这就是苹果公司实际上的沟通方式："我们所做的每件事，我们相信都在挑战现状,从不同的角度思考。"在"怎么做"这一层,他们说:"我们挑战现状的方式是使我们的产品有优秀的设计容易使用,而且对使用者非常友好。"在"是什么"的层面,他们说:"我们恰好做了很棒的电脑,所以,你想要买一台吗?"

黄金圈法则是市场营销领域非常重要的思考工具,但也可以扩展到其他领域。在TED的演讲中,斯涅克分享说,由内到外进行思考的逻辑也符合我们大脑的结构特点。如果去看人脑的切面,从上往下看,你看到的人脑实际上分成三个主要部分,这和黄金圈法则的层次完美契合。人类大脑最外圈的是大脑皮层,对应的是"是什么"的层次。大脑皮层负责理性分析以及语言。大脑皮层是人类在进化过程发展出来的较新的功能区。大脑皮层之下是大脑的边缘系统,边缘系统负责人类的情感,也负责人类的行为和决策,所以大脑的边缘系统对应的是"怎么做"和"为什么"的层面。

所以,斯涅克认为,如果我们采用"由外而内"的沟通逻辑,可以给出很多复杂的信息,比如有什么特色,有什么好处,但"由外而内"的逻辑很难影响并促使人们采取行动。相反,当我们用"由内而外"的逻辑来讲述的时候,也就是从"为什么"开始讲起,我们就采用了一种非常符合前文介绍的大脑逻辑结构的方式。我们所说的信息能够被控制行为的脑区所接受,然后大脑允许这些事情被分析,从而能够形成决策。

大脑的结构是非常复杂的,我们大致可以把大脑分成几类不同的功能区域,比如大脑皮层又可以分为若干功能区,其中的前额叶是负责理性和逻辑思考的区域。但是我们不能非常绝对地说大脑的哪个区域就一定是用来完成哪些事情的。在很多心理学实验中，人们发现某个脑区受损以后，其他脑区可以发展出替代的功能。

但是斯涅克所讲的内容从逻辑角度来看是对的，也就是很多时候人们的行为驱动力，是情绪而不是事实，因此"为什么"这个角度，更多的是从情感层面来阐述的。例如苹果公司要改变世界，怀特兄弟为了实现梦想而成功发明了飞机等。"为什么"这个层面，恰恰就是我们在管理中所倡导的愿景和使命。在《指数级增长》一书中，作者维恩·哈尼什（Verne Harnish）也是从一开始就强调，想要实现快速指数级增长的企业，都有一个宏大的愿景。

在工作场景中，绝大部分人都知道自己是做什么的，也知道自己的工作内容，或者是要开发的产品，或者是要完成的日常任务，或者是要开发的系统等，大家对自己要做的事情是确信无疑的。

在工作中，能力更进一步的人会去思考如何才能将工作做好，这就涉及一些方法的使用。就像我们要思考通过哪一些功能才能够实现产品的某些特点一样。我们在工作中所涉及的分析、计划、实施方案，以及阶段性的考核、评估、回顾、讨论、案例分享等，都是在这样一个层面。这也是三个石匠的故事里第二个石匠所考虑的层面。但真正产生实际的驱动力和领导力的，是第三个层面，也就是"为什么"这个层面。

黄金圈法则对家庭教育的启示

我们用黄金圈法则来分析我们在教育场景下和孩子的沟通。先来看一看我们通常是怎样对孩子提出要求的。我们通常要求孩子有良好的行为习惯。为了能够衡量孩子是否具备这些良好的行为习惯，往往需要一些显性化的指标。同时，我们要求孩子有好的学习成绩，能够自觉地、高质量地完成作业。我们还会不断地要求孩子完成各种各样我们认为重要的东西。

我猜想在很多家庭里面，父母和孩子之间大部分的冲突都来自这个层面。这一层面的内容在黄金圈法则的工具框架中，其实都处于"是什么"的层面，也就是最外层。

接下来我们进一步进行思考和分析，那个通常我们用来说服孩子要努力学习的理由，也就是要上一所好的小学，才能够考上好的初中，上了好的初中，才能够在中考后考上一所好的高中，只有上了好的高中，才有机会考上一所好的大学，上了好的大学，才能够有一份好的工作。这套逻辑看起来非常站得住脚，但是细细分析这里面的每一个环节就会发现，这些都是短期目标，其表现形式也惊人地一致：成绩和排名。

因此，按照黄金圈法则的逻辑和原理，以上的内容都是从事实的层面在陈述，是没有办法驱使行为主体产生所期望的行为的。如果单单用设定的目标来驱动孩子的学习行为，那么孩子在小时候也许为了不让父母失望，为了获取老师的喜爱而努力学习，但这些都是外在的动机。一旦条件发生变化，孩子可能会失去前进的动力。比如要求孩子在艺术学习中考到一定的等级，那么孩子就可能在家长的驱使之下完成这样的任务。但是如果孩子本身不认同这件事情，那么在完成了这样的目标以后，孩子可能再也不会去碰所学的艺术项目了。孩子会说："你看，你要我做这件事情，我完成了，这样就可以了吧？"

想让孩子在每个阶段的学习中都能够有优异的表现，需要我们转变思维的逻辑顺序，使用"由内而外"的思维方法。如果我们采取"以终为始"这样一个视角，也就是先考虑我们养育一个孩子并投入十几年甚至二十几年的时间去教育他是为了什么，这就是我们在"为什么"这个层面进行思考。

就像在工作中只有战略思考非常清晰的时候，对资源的分配和策略的制定才会有依据并且合理。如果把人的生命放在一个更宏大的社会背景下来看，我们显然希望每一个人的生命都是在充满爱的过程中完成的，我们希望每一个人都能够幸福。由此，我们每一个人也能够组建幸福的家庭，一代一代繁衍，就像童话故事里那样，每一代人都能够幸福下去。为了能够幸福，我们的身体必须是健康的，没有强健的体魄，就没有办法去实现和享受幸福的生活。

既然为人父母是这样一件比任何工作都要辛苦的事情，为什么我们还都义无反顾、心甘情愿地从事着这样一份辛劳的工作呢？在最核心的层面，有两个关键词——"爱"和"关注"。我们养育孩子，首先是因为我们爱他们。这样的爱是不附加任何条件的。这样的一份爱，既是由生物学原因所决定和驱动的，是为了我们个体的基因遗传和我们家族的延续而具备的本能，也是人类作为一个整体所具有的大爱的一部分。所以，我们会爱自己的孩子，也会爱所有的孩子。因为爱，我们会时刻关注他们，即使在他们长大离开我们以后。

在"由内而外"的思维框架的核心，我们放上了"爱"和"关注"这两个词，下一步我们需要思考的就是如何去做。当然，在培养孩子方面，尽可以"仁者见仁，智者见智"，毕竟人是复杂的存在，每个人所处的环境和社会状况也是不同的，所有人都面对着不断发展变化的技术及其对社会的影响。我在本书中关于孩子的陪伴理念里面提出了三个关键词，用来回答"怎么做"的问题，这三个关键词是：兴趣、信心和能力。

当一个孩子对学习产生了兴趣，同时在学习的过程中发现自己能学会，能得到老师和同伴们的认可时，他就会逐渐建立自信。我们也可以有意识地培养孩子各方面的能力，如思考问题的能力、解决问题的能力，让孩子在达到一定年龄后开始学习"如何学习"这样一件事，以获得"不但学得好，还要学得巧"的效果。

对于学习有兴趣，对于自己有信心，对于问题有解决能力，那剩下的问题不管是在什么层面，有什么样的具体要求，我相信孩子都是可以顺利地完成的。综上，用黄金圈法则来阐述我自己的陪伴理念，如下图所示。

WHAT
各类具体的学习目标和任务等

HOW
兴趣、信心和能力培养

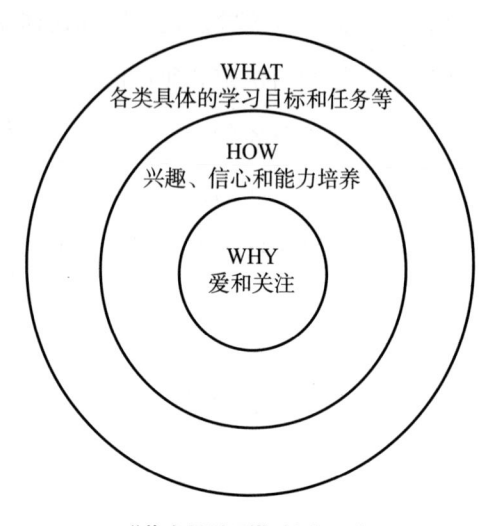

WHY
爱和关注

"黄金圈法则"教育理念

第六章

爱与关注

爱是唯一的解药。

——校尔康

很多人甚至没有搞清楚为什么，就上了学，学了 20 年甚至 30 年。还有很多时候，我们并没有搞清楚为什么要工作以及自己喜欢做什么，就匆匆忙忙地踏入职场，并从此被工作和各种各样的"人生大事"推着走。

当一个人大学毕业，首先要面临的大事就是找到一份工作，特别是找到一份"好工作"，如果能够在北上广深或者某个省会城市找到一份好工作就更好了。

找到工作，还只是完成了第一步。在工作中能不能站得住脚，这是第二步。对一个刚刚走出大学校门踏入社会的人来说，还需要一个栖身之地。

在职业发展的早期，我也曾经短期在北京工作过。我看到有很多人刚刚踏入社会，会住在群租房里，还有很多人有过租住在地下室里的经历。如果你去看一些中央电视台的节目主持人的书，也会发现他们刚到北京时也曾经住过地下室。

作为普通人，我们第一份工资往往都不是特别高。我刚开始工作时候的工资，除去房租，然后加上日常开销，所剩无几。经过工作上的努力，随着工作年限的增加、工作能力的增强，工资也会不断地提升。这个时候，对于一个年轻人或者已经组成小家庭的两个年轻人来说，买一套房子就是另一件人生大事。

大多数人会在30岁前后迎来自己的孩子，等到孩子上了小学，对于父母来讲往往是工作上最忙的时候。他们要么成为骨干员工，要么已经进入管理层。不管是在哪一个层面上，都应该是工作非常繁忙的阶段。

最有意思的是，当了父母的人其实往往并没有就如何做父母进行过知识储备。因此，年轻的父母会买很多书来看，利用书籍指导育儿实践。在现代生活中，父母和孩子之间的冲突往往来自父母所面临的压力，或者受到父母自身行为模式的深刻影响。

从教育的本质来说，我们都希望把孩子培养成为他们最好的自己，成为符合他们自己天性的、能够把他们的天赋特长发挥到极限的人。但问题是，教育孩子以及孩子的成长本身是一个漫长的过程。如果有一本魔法书或者一个魔法水晶球，可以让我们清晰地看到孩子未来的样子，也许我们就会安心很多。但是这样的魔法书或者魔法水晶球显然是不存在的，所以对于未来的不可知和不确定，成为我们的压力源。

当未来不可知的时候，我们就必须通过一些方法，让我们相信自己对于所有的一切是可以掌控的。根据孩子年龄的发展阶段，孩子的教育也被分成不同的阶段。而在现实生活里，这些不同阶段之间的衔接就叫作升学。

对于那些人口比较少的国家来讲，升学的竞争压力是比较小的。但是对中国这样一个人口大国来讲，升学就是一件非常重要的事情，因为每一个阶段的升学考核决定了下一个阶段学生可以享有什么样的资源和机会。很自然的，这样的升学被看作一种淘汰和选拔机制，更不用说我们中国自古以来就有通过考试选拔人才的传统。对于孩子来讲，他们可能未必明白小学升初中、初中升高中到底意味着什么。但是对于已经走过这条路的父母亲来讲，孩子平时的学业成绩和升学考试的压力，是他们的一个重大压力源。

人在压力之下会产生焦虑。应对焦虑的一个方法就是去增强可控性。心理学的多个实验都证明，增强可控性是对抗压力的重要方法。但当我们的压力源或者说舞台上的主角是我们的孩子的时候，我们所要增强的可控性或者说掌控感，其效果是直接作用在孩子身上的，这对应的就是前文所提到的"密集型"教养。

因此，是严格按照我们的设计，让孩子一步一步地完成所需要的任务，就像我们在游戏里面通过一关一关的打怪升级以前进到下一个阶段，还是给孩子最好的资源、最好的关注，让他自己健康成长呢？这就涉及两种非常不同的教育理念。

做园丁，还是做木匠？

我们在第二章讲过，艾莉森·高普尼克是一位著名的美国心理学家，她同时也是一位母亲和祖母，养育了自己的几个孩子，也照顾着她的孙辈们。高普尼克从认知心理学的角度做了很多研究，并且进一步发展了皮亚杰等人的认知心理学理论，特别是关于孩子的发展和认知理论。在高普尼克的书里面，我最喜欢的一本叫作《园丁与木匠》。

高普尼克把养育孩子过程中父母的不同教育方法，用两种不同的角色来进行说明，一种是木匠，一种是园丁。

对于木匠来说，他对于材料的选择必须很精心，要通过准确地测量、划线，精确地制作。对于自己的产品，他是绝对不允许出现意外，也不允许出现偏差的。而对于园丁来说，他同样会对于他的花园付出极大的心血，但同时也认识到，每一种植物有它自身的生长规律，也经常会超出园丁的规划和预期去生长。花园里的植物可能没有按照园丁的预期去生长，但自由生长的花园往往也会带给园丁意外的惊喜。

高普尼克的园丁与木匠理论描述了两种不同的育儿方法：一个注重过程，一个注重结果。如果按照我在上一章所介绍的黄金圈法则的思维方式来衡量，木匠式父母在"是什么"的层面着力较多，而园丁式父母主要在"为什么"和"怎么做"两个方面努力。

静待花开，但不是撒手不管

我们在儿童教育方面经常听到一句话："静待花开。"静待花开是一种非常美好的认知和期待。因为从种植的情况来考虑，当我们把花种子埋到土里面后，只要有适宜的温度和水分，花总是会开的，或迟或早。

静待花开是为人父母所应该秉持的一种态度。这种态度，其实就蕴含着我们刚才讲过的对孩子的爱，以及我们对孩子的信心。我们知道，每一个孩子都是特别的，每一个孩子来到这个世界上都有自己的使命。只要给他们适当的支持，爱他们，关注他们，他们最终都会找到并且完成自己的使命。

对于静待花开这样的育儿理念，首先我要说这是一种正确的态度。孩子的发展有每个阶段的特点，孩子在每个阶段都应该做那个阶段所适合的事情。有的孩子可能学习能力强一点，或者说学习意愿大一点，所以会提早学习很多东西。这些提前的优势，等孩子成年以后，也许体现出来的不是那么明显。很多事情晚一点学也没有关系，不必拔苗助长，甚至牺牲孩子所有的时间提前学习。有一些天才儿童，也许他们的学习速度非常快，在小学就能学完初中的知识，或者在高中就能学完大学的内容，对于这种类型的孩子，给他们更多的知识进行学习或者鼓励提前学习，不是拔苗助长，恰恰是因材施教，但对于大部分孩子来讲完全没有必要。

绘本《阿虎开窍了》里的主人公阿虎是一只小老虎。当别的动物小朋友很早就学会写自己的名字或者学会唱歌、跳舞的时候,阿虎还只会用树枝在地上画出歪歪扭扭的线条。阿虎的爸爸和妈妈非常担心,但是也非常有耐心,他们总是在一旁静静地关注,并没有上前去干涉或者呵斥。爸爸和妈妈的耐心和鼓励终于等来了阿虎开窍的那一天,他高兴地说:"我都会了。"

养育孩子的过程是艰辛的,这中间会面临不断出现的挑战,当困难出现的时候,我们并没有现成的经验去应对。所以在生活中我们有时候也会看到,或者是时间有限没有管孩子,或者是工作本身太累没有精力去管,或者是有时间但是不知道怎样去管,或者是尝试了各种各样的方法但在孩子的身上就是体现不出我们所期望的结果。于是,有的父母亲几乎放弃了他们的教养责任,放任孩子自己去发展。

"静待花开"并不代表不采取任何行动。对于园丁来讲,在花朵盛开前的每一天,他仍然会勤于除草除虫浇水,悉心地照顾。如果园丁对于花园疏于管理,那么用不了多久,他的花园就不再是花园,而是会变成一片荒草地。

所以,尽管"静待花开"是一种非常好的教育态度,但是在实践层面,父母作为孩子的第一教育责任人,首先要建立一个高层次的认知。对于任何人来讲,要想把一件事做好,首先要在大脑里建立关于这件事的清晰的表达和认知。就像我们写字的时候,要有书帖作为参照。虽然我们在等待孩子成长,但是我们要有一个清晰的思路，并且要把这个思路灌输给孩子，让其成为孩子大脑里面清晰的图景和愿景。

举一个操作层面的小例子。如果孩子的书写很不规范，例如数学题的书写很潦草，这个时候如果只是简单地不断跟孩子要求，让孩子去写好，往往是没有什么效果的，因为孩子并不知道什么样子的才叫好。所以家长可以通过自己认真而规范的书写，给孩子做榜样。

另外需要注意的是，即使给孩子做出了榜样，孩子也认可并愿意照着这个方向去努力，但并不代表孩子一下子就能够做好。我们可以想一下自己考驾照时的样子。在学会了开车以后，我们的经验越来越丰富，开车就变成一件非常简单的事情。但是在我们还不会开车的时候，虽然看着教练开得很容易，而且关键动作要领就那么几个，但是在实际上车操作的时候，如何打方向盘，如何控制油门，都需要长时间的学习和实践过程。特别是手动挡的汽车，油门和离合器之间的配合以及上坡和下坡之间的切换等，对我们来讲都是很困难的事情。所以即使看到了教练的示范，轮到自己做的时候就是做不到。孩子的学习也是这样，即使孩子在大脑里建立了高层次和高水平的表征，我们也不能指望孩子一下子就能做好。

静待花开的时候，还要注意为花营造一个健康的生长环境，提供给它肥沃的土壤。《孟母三迁》的故事就是一个非常经典的案例。孟子小的时候，家住在墓地附近，孟子在和小朋友玩的时候，就学着人家做丧礼的样子。孟母觉得这样很不好，就把家搬到了市场附近，结果孟子又跟着别人学拿刀杀猪的样子，还学着小贩的样子叫卖。孟母不得不再次搬家，这次搬到了学校附近，孟子就开始学习模仿礼节，孟母这个时候才感到满意并定居下来。

从心理学的角度来讲，天性和教养哪个重要？这个话题曾经在很长的时间内是一个热点。但其实现在越来越多的观点是，天性和教养同样重要。天性就是孩子与生俱来的特质和能力，而教养就是后天的环境以及所处的人或者事对其产生的影响。心理学实验里一些有关双生子的研究说明，即使是基因完全相似的孪生子，虽然某些行为方式会比较相似，但在不同的生活环境里会发展出完全不同的样子。

所以我们在静待花开的同时，既要为孩子做出榜样，又要为孩子营造健康成长的环境。现在的网络媒体非常发达，人们可以很快地获取各种各样的视频或者文字信息，我们要给孩子呈现那些好的、积极的、善良的内容。如果在孩子的大脑里发展出积极的、友善的、高水平的表征，孩子就知道要向着那些表征所代表的方向去发展。

无条件的深深的爱

我们在之前的部分曾经讲过，父母和孩子的很多冲突主要发生在孩子的行为层面，也就是父母对孩子的要求，以及孩子对于这些要求的执行结果之间的矛盾。之所以发生在行为层面，是因为孩子面临日常中各种各样指标的考核，包括家庭作业能否按时完成，作业的内容是否准确，单元测试、中期测试、期末测试的成绩好不好，以及各种各样在教育环节对孩子提出的要求。

我们且不说孩子所面临的各种各样的压力，是不是真的为我们家长所关注和了解，对于家长自己，我们刚才也讲过，也面临各种不同的压力，包括工作中和生活中的各种压力，以及孩子的学业如果不够理想所带来的评价压力和心理焦虑。

当人感受到压力的时候，应对和处置压力就变成了最急迫的事情，这是我们的生存机制所造成的。压力和焦虑也是人的生存机制之一，而且是很重要的一种机制，它迫使我们在危机时刻采取行动。其实人类的各种情绪都有动机性，例如恐惧的情绪可以让我们变得更小心谨慎，愤怒的情绪可以让我们的身体为作战做好准备，而悲伤的情绪以及该情绪所有的外在表现，会引起社会的同情和关注，我们由此得到所需要的支持。压力会在第一时间唤醒我们的杏仁核，从而控制我们的大脑，调动全身的资源进行压力处置和应对。

虽然我们知道大脑里包含约 100 亿个神经元，但其实在某一个具体的时刻，我们的大脑的认知资源并不是无限的，而是有限的。这一点也比较容易理解，大脑的运行需要消耗能量，神经元的运作主要是通过充放电，以及把这些电信号在神经元里面进行传递，通过神经元之间的连接形成神经链路，而神经元的电活动要消耗糖原。虽然大脑的储存能力可以说是无限的，但是我们在处理信息方面的能力是有限的，因为我们能够吸收的能量是有限的，我们所吃的食物是有限的。

因此我们要特别小心，当我们身处压力状态的时候，就会出现心理学上常讲的"意识狭窄"的现象。为了更好地理解认知资源有限这一事实，我们可以想象大脑就像一条有着 7 条车道的高速公路，在压力状况下或者情绪高度紧张的情况下，我们假设这 7 条车道中的 4 条都被情绪所控制了，就像交通事故占用了车道，那么在高速公路上，我们就会看到其他 3 条车道会发生堵车现象。如果大脑的大部分认知资源都为情绪所控制，由于要处理压力事件而被占用，那么我们能够进行理性思考的那部分资源就变少了。所以在意识狭窄的状态下，我们看问题也不可能通透，也不可能长远，有的时候往往会忽略掉事情的本质，更容易忘掉我们的目的和初心。

从行为表层出发去解决问题并不真正有效，或者说只能短期有效。我们想让孩子产生良好的行为，首先要应用黄金圈法则的思考方式，从最内核的"为什么"开始考虑。

我们可以先问自己几个问题：为什么要让孩子学钢琴？为什么要让孩子在短期内钢琴就要考到 10 级？为什么要让孩子在各种各样的技能考试中都达到尽量高的级别？为什么要让孩子上各种各样的辅导班？为什么要把孩子的所有时间都排满？为什么孩子完成了一项任务以后，如果看到他有一点空余时间，就要赶快给他再安排别的内容？

以上的问题清单还可以一直列下去。我们可以对以上这些问题进行深度的思考，来看看答案是什么。以学钢琴为例，即使是非常有天赋的儿童，长大以后成为钢琴家的也屈指可数。从公开的报道中我们能够看到，成功钢琴家的背后，家长的付出和努力是巨大的。很多时候，一个孩子的所谓成功，不但是孩子牺牲了童年的时间，父母也牺牲了自己的黄金时间。那么，每一个学钢琴的孩子，其目标真的都是要成为钢琴家吗？我相信对于大部分家长来说，这个答案都是否定的。很多家长让孩子学钢琴或者其他乐器，初心是为了孩子能够有艺术修养，能够提升气质，或者能够掌握一项技能。所有的这些，也可以理解为家长都希望孩子长大以后可以过得更好。

我们可以看看身边的朋友或同事，其中不乏小时候就学过钢琴或者其他乐器的。除了在单位年会上可以表演一下以外，平时可能还真的没有太多表现的机会。我们也没有见过公开的统计，看看那些在小时候学过乐器的人，到底有多少人长大以后还坚持把它作为一个爱好。如果学乐器能够成为一个人终身的爱好，就像很多科学家同时也是乐器演奏家一样，那当然非常好。我知道一位大学里的院士，不但是一位电子电气学教授，同时也是一位小提琴演奏家，他还把数学和音乐放在一起研究。爱因斯坦本身也是会演奏小提琴的。

但是生活中我也确实接触过，有太多的人小时候被父母逼着学乐器，长大以后就完全不碰了。或者有的想学习演奏，但是父母不允许。还有的想学习演奏这种乐器，但是被父母要求去学另外一种乐器。

生活中，在做种种选择的时候，到底是以孩子为中心还是以父母为中心？到底是孩子想要做的还是父母自己想要做的？会不会有那种父母因为自己人生的缺憾，而想让孩子替自己完成的受潜意识支配的行为？

我相信大部分父母都会为自己的行为辩解说，"都是为了孩子好"。确实，父母的第一出发点都是爱孩子，我的教育理念也特别强调爱和关注。但是在困难情况发生的时候，父母往往会忘了"爱"这件事，或者说忘了出发点是爱，而用错了方法。

当孩子的行为不符合我们期望的时候，如果这时正巧我们还面临着一些时间的压力，那么我们的第一反应就是让孩子尽快地听话。为了让孩子听话，我们有时候会使用一些压迫性的方式，其中一种方式就是让他们产生恐惧感。这时候，家长能说出来的最糟糕的话，往往就是："如果你不……我就不爱你了。"孩子非常爱父母，非常害怕失去父母的爱。如果以爱来威胁孩子，那么孩子可能出于恐惧而做出符合父母期望的行为。这在短期内是非常有效的，但是长期来讲会造成巨大伤害，因为这会破坏孩子和父母之间的依恋关系，同时让孩子失去安全感。

"樊登读书会"的创始人樊登老师曾经讲过一个例子。很多父母在教育孩子的时候会指着街边的乞丐说，如果你不好好学习，长大以后就找不到工作，就像这个乞丐一样，可能要去讨钱了；如果你不好好学习，将来就没有出息……在这样用恐惧作为驱动方式的情况下，很多孩子也会努力学习，并且往往会考上非常好的大学，当他们大学毕业以后，所做的第一件事情就是赶快找一份稳定的工作。因为他的行为模式的底层驱动力是恐惧，所以他只要在安全层面得到满足就很满意了。

我们给予孩子爱，应该是无条件的。不管孩子是按照我们的期望做得很好，还是没有按照我们的期望去发展，我们都应该让孩子知道我们是爱他的。我们爱他不是爱他的行为，而是爱他这个人。因此孩子也知道，不管他将来成功还是失败，总会有父母的爱在背后支持着他。即使外面风风雨雨、坎坎坷坷，他永远可以在父母这里得到鼓励、赞赏和支持。这种爱就像我们在电影里看到的超人的那些非常传奇的能量内核一样，有着这样的能量内核，孩子就会具备胆量去闯荡世界，因为他知道即使失败了也没有关系。

这里的"爱"除了指我们给孩子的"爱"，也就是孩子可以感受到和确认的来自父母的"爱"以外，还指我们作为父母对孩子"爱"的行为、动作和出发点。这种爱是真正无私的、无我的爱。

有人可能会说，谁不爱自己的孩子呢？当然，父母确实都是深爱自己的孩子的，这是天性和本能。但这并不意味着父母给孩子的爱就是无私的、无我的、不附带条件的。再剖析得深一点，就是到底是爱孩子，还是爱自己。

试想一下，如果我们有一个朋友，这个朋友非常热心也非常有能力，他可以为朋友们付出很多，但是他的付出总是带着期待回报的目的，那大家的感受会如何？如果我们总是跟孩子说，你看爸爸妈妈多么辛苦，这一切都是为了你好，你可以试着感受一下孩子心里的负担。

我们也都希望孩子的未来能更好，因为这本身就是对孩子最有利的一件事情。但是如果孩子的认知能力还达不到，也许他会对家长所描述的目标产生恐惧感，从而产生压力和焦虑的情绪。

养育孩子总是非常耗费时间、精力的。在这个过程中，如果我们的付出给孩子的感觉是，我们为了他而做出了牺牲，那么孩子的感觉也不会好。如果在给予孩子爱的同时存在一种"付出者"的心态，甚至有一种"自我牺牲"的不甘，这就不是无条件的爱。这样的爱会让付出者和接受者都感到不舒服，这样的爱也会像我们平时购买的干电池一样，电力有限，不能持久。

无条件的爱是一种大爱，这样的爱不计成本，不计得失，不期望回报。这是一种真正从孩子的角度出发给予的爱，这样的爱就像阳光，源源不绝。

除了对孩子报以无条件的爱以外，我们还应该给予孩子充分的关注。

这里讲的关注是真真切切的关注。例如在陪伴孩子的时候，我们要真真切切地知道他们在做什么，他们需要我们提供什么样的帮助。如果跟孩子坐在一起，我们却忙着自己的事情，在看自己的手机，那就不是真正的陪伴，也不是真正的关注。就算没有玩手机，但是在想别的事情，当孩子跟我们说话的时候，我们如果总是不经意的以哼哼哈哈来应对，那么孩子很快就会觉得索然无趣，不愿再跟我们说自己的想法了。

爱尔兰网络心理学家玛丽·艾肯（Mary Aiken）在她的著作《网络心理学——隐藏在现象背后的行为设计真相》中介绍了有关

"生活模式分析"的研究方法。作为网络心理学研究者,她可以通过人们在网络上所留下的"电子足迹"和"电子灰尘",也就是使用网络留下的痕迹,来进行人类行为研究,而这种时间记录可以反映一个人的生活方式。

数据统计显示,人们花费在手机上的时间越来越多,因此也就没有把时间用在家里:给孩子读书,与孩子玩耍,在饭桌前与家人聊天,睡前与伴侣交谈。

关注也是爱的一种表现,很可能还是爱的一种主要的表现形式。因为通过关注,孩子们知道我们真真正正地重视他们、珍视他们。孩子们知道他们在我们心目中的位置,也会由于不愿意辜负我们的爱而产生不断前进的动力。

关注也许并不需要我们花费太多的时间。很多家长可能会说,我每天的工作实在是太忙了。还有很多家长说,我经常要出差,有时候好多天都见不到孩子,又怎么做到关注呢?在这里我举一个知名校长商南花曾经分享给我的小办法。商校长是一个非常忙的中学校长,她自己也有好几个孩子要照顾。商校长说,她对孩子的每一天都非常关注,即使她在出差的时候,也会在每天固定的时间给孩子打电话,跟孩子聊一聊这一天所做的事情,这样孩子就知道,即使妈妈出差在外,仍然关心着自己。

对孩子的关注也会帮助我们发现一些平时可能会忽略的事情。我每天都会跟孩子聊一聊他们在学校的情况,通过问孩子一些问题,我会收集到一些信息以判断他们在学校的状况。其实孩子在学校过得好还是不好，是可以通过聊天获知的。如果孩子在学校碰到了一些困难或者发生了一些事情不懂得如何处理，我们就可以在聊天的过程中很自然地给孩子一些建议，或者分享一些自己的经验。这些对孩子是有很大帮助的。

通过对孩子持续不断的关注，我们可以更好地理解孩子的发展。有时候，孩子的行为可能出乎我们的意料，令人迷惑。但是如果我们一直关注孩子，基本上了解他们日常遇到的种种的情况，可能就会比较敏锐地发现孩子不愿意说或者忘记说的事情。尤其是在孩长大以后，他们也会有独立的判断，所以单凭聊天来沟通，可能会错失一些关键信息，而这些可以通过家长对孩子的关注来发现和获得。

我想在此分享乔·卡巴金（Jon Kabat-Zinn）博士的一段话："饱满地生活在每一刻，尽最大的努力规划自己的轨迹，呵护孩子们，与此同时，保持自我成长……这是一项一生的功课，而我们也正是为了生命本身才会选择担当。做一份完美的工作或'做得永远正确'是不可能的，这更多的是一种探索，而非一种提问。我们要真实地、尽最大努力地尊重孩子和自己，而所有的功课都在于关注，在于我们对每一刻关注的质量，在于我们尽量有意识地去生活，去履行为人父母的承诺。我们知道，父母一方或双方的无意识，尤其是当这份无意识以一种僵化、顽固、自我为中心、心不在焉的方式体现出来时，会在不同程度上给孩子带来伤害。"

兴趣、信心和能力的培养

我们常常听到一句话叫作"不忘初心"。初心是什么？我的理解，初心就是我们做一件事情本来的意图、目的和方向，是黄金圈法则思考方式中的核心，就是那个"为什么"，就是建造教堂的石匠在日常艰苦和重复的砍凿石头工作之余所看到的宏伟教堂。就如同爬山，我们的目标是爬到山顶。爬山本身不是目的，爬到山顶才是目的。

由于学习是与生俱来的天性，因此孩子出生后会对一切都表现出兴趣。学龄前的孩子，学习能力是很强的，学习速度也很快。最重要的是，在这个阶段，孩子没有知识学业方面的压力，他们的时间也很多，所以在幼儿园阶段，家长往往会给孩子安排很多兴趣班。说是孩子的兴趣班，其实大多数是家长自己的兴趣，或者是家长以为孩子会感兴趣的兴趣。孩子可能偶然对某件事情进行了尝试，并在这次尝试以后发现做得还不错，家长就会做出孩子有天赋的判断。有了天赋当然不能浪费，刚刚好社会上也有各种各样的培训机构。还有很多家长抱着尝试的态度，让孩子进入各种各样的兴趣班学习，以此来发现孩子到底在哪个方面有天赋。

这里要警惕的是，孩子天然地会对一切感兴趣，都愿意尝试。但如果要在某一个方面取得很大的成就，往往需要投入大量的时间，进行非常艰苦的练习。所以，如果想让孩子上兴趣班，我们就需要想清楚让他们上兴趣班的目的是什么，特别是当孩子还很小，没有办法自己做评判和决定的时候。

很多兴趣班其实并不是以兴趣为导向的。一些兴趣班所教授的内容或者技能训练都是为了让孩子获得等级证书，而这些证书可以帮助孩子在升学时获得某种竞争优势。从父母的角度来看，这一切安排都是非常自然的。因为大人们是经历过竞争的，但对孩子而言，他们其实不能够充分地理解，现在所做的事情是可以在未来得到收获的。孩子对长期目标的理解，可能还处在非常朦胧的状态。因此在孩子看来，上兴趣班就变成了一种非常艰难甚至令人痛苦的事情。

我们来谈一谈学钢琴这件事。我的大儿子在幼儿园中班的时候开始学钢琴。那个时候我们也没有太多的经验，就近在小区门口的一位培训老师那里学。当孩子度过了初学钢琴的兴奋以后，发现要投入很多的时间进行练习。我自己不会弹钢琴，但我根据自己早年在打字机上学习打字的经验，猜测小家伙的手指可能会痛，这是学习任何一项本领所必须经历的阶段。后来他在学钢琴这件事情上就变得非常抗拒，而那位老师也变得越来越不耐烦，我和孩子妈妈也变得越来越焦躁。后来我就做决定说，如果孩子不想学了，就不学了。

后来，弟弟到了合适的年龄，妈妈又准备让他学钢琴。这一次我们有了经验，通过朋友圈找到一位非常有经验的钢琴老师，弟弟就开始到老师家里上钢琴课。而哥哥这时候已经是一名小学生了，他停止弹钢琴也有很长一段时间了。弟弟在上课的时候，哥哥就在老师家里看书、玩或者做作业。过了一段时间，哥哥主动来找我们，说他也要去上钢琴课。我们问他这一次是他自己真的想去学吗，他说是真的想学。于是哥哥又开始了钢琴之旅。在两兄弟学钢琴的过程中，我们一直秉持一个基本的观点，就是不以考级为目的，老师也非常支持我们。老师有非常丰富的经验，也善于教导孩子，两个小家伙跟着老师进步很快。2020年，老师说，哥哥学钢琴非常快，为了能够促进他的学习，也为了衡量他的学习成果，建议他考钢琴三级。经过和孩子的沟通，我们征得了他的同意，给他报了三级考试。同时，经过夏天的密集训练，他顺利地拿到了钢琴三级证书。

我的同事知道了他可以弹钢琴，就在我们学校所组织的TED@XJTLU活动上请他和我们学校的大学生一起进行暖场表演。这是他人生第一次公开地在舞台上表演，可以看出他非常紧张，压力很大，但是他也非常认真地在为这次表演做准备。我们也反复跟他说，上台表演跟平时的训练其实是一样的，只管放轻松去弹就好了，即使弹错也没有关系。我还安慰他说，即使弹错了一两个音，听众也听不出来。

我大儿子的心理素质还是比较好的。但毕竟只是一个小学生，他在舞台上有一段时间非常紧张，甚至暂停了十几秒钟，所幸自己调整得比较快，没有出现其他状况，顺利地把剩下的曲子弹完了。

我大儿子学习钢琴，除了他本身确实喜欢艺术和文学以外，有一两次偶尔在朋友来家里吃饭的时候，他的表演获得了大家的衷心的掌声，也因此获得了进一步的鼓励。其实他是一个比较内向的孩子，来我们家吃饭的朋友也都是非常熟悉的老朋友，他们家的小孩也跟我们家的小孩非常熟悉，所以他的表演是自然的，也是很放松的。观察到大家给予他衷心的掌声以后，他确实受到了鼓励和鼓舞，对于学钢琴这件事情的兴趣就更浓了。

我再来说一下弟弟是如何学钢琴的。作为家里的老二，其实弟弟的压力一直比较大。哥哥什么事情都可以做得比弟弟好，所以弟弟天生就有要跟哥哥比着来的心理。小家伙从一开始学钢琴就非常认真，进步也很快。每次当哥哥在练习更为复杂的曲子的时候，他就在远处，一脸羡慕地看着。

在我写作本书的这段时间里，弟弟在练钢琴的时候出现了一个奇怪的行为现象：他一本正经地端坐在琴凳上，不管是身形还是手势也都非常标准，但是他弹奏的不是老师教他的那些曲子。这个时候，是严厉要求他不要乱弹，认真地练习老师教的曲子，还是允许他按照自己的喜好去练习？

看到他没有按照我所期望的去练习，我本来是想纠正的。但是我突然想起了让他学钢琴的初心。我们让他学钢琴，并没有指望他成为钢琴家或者专业人士。当然，如果未来他自己选择成为专业人士，我也会感到高兴。就目前而言，我的孩子学钢琴，主要是他们自己喜欢，愿意学。我希望他们可以从学习钢琴和演奏钢琴中感受到乐趣。我跟孩子们说，当你们长大了，可以通过钢琴和自己相处，可以通过钢琴表达自己的情绪或者和自己对话。

当然，我并不确定孩子们现在是不是听得懂我的话，直到我发现家里的老二在钢琴练习的时候竟然开始了自由演奏，我可以看到他完全沉浸在这样一个演奏过程里面。虽然他的行为也可以被定义为乱弹，但我并没有打扰他或者阻止他。我工作忙，有时候回家晚，正赶上他在练钢琴，于是我就一边吃饭，一边静心地听他弹曲子。我发现他的曲子里面带着某种情绪，确实是有一些思想的表达的。他弹完了以后回头看我，我也报以衷心的掌声。他问我弹得好不好，我说弹得好极了。然后他会说，那我再给你弹另外一首曲子。然后我就发现，这首曲子的风格和节奏和上一首完全不同，但跟他所说的主题非常契合。于是我就鼓励他说，我们人类天生懂音乐，如果你把心里所浮现出来的节奏记下来，你就是一个作曲家了。小家伙听了以后非常高兴。

作为成年人，我们可以选择不去吃不想吃的食物，不去做不想做的事情。对于孩子，因为我们肩负着培养和养育他们的责任，所以总是出于"为他们好"的观念，强制他们做很多的事。在很多情境下，这些都是必要的，但是对于那些需要持久发展的事情，最好还是以培养孩子的兴趣为主。这当然又是一件说起来容易做起来难的事，需要我们投入耐心和理解，特别是不忘初心。我们培养孩子的兴趣是为了让他们成为更更完整的人。如果为了培养孩子的某种兴趣而采用比较机械的做法，反而会让孩子失去这种兴趣。

从学习一项技能如钢琴的最终实用性来看，如果特别功利地去看待，结果往往会让人失望。我们可以在同龄的父母们中做一个调研，看看有多少人小的时候是学习过乐器的，其中还有多少人是真正以这个乐器为职业的,有多少人在长大以后还会经常演奏这个乐器。

兴趣往往可以爆发出非常大的力量。我们学校有一个非常著名的校友叫鞠杞梓,他受到英国帝国理工学院天体物理学博士兼世界上最伟大吉他手之一的布莱恩·哈罗德·梅(Brian Harold May)的影响,从大一开始学习弹奏吉他。由于对吉他弹奏的喜爱,在繁忙的课程以外,他每天都要练习四五个小时,到了重要的比赛前甚至一天练习七八个小时,甚至练到手指出血。由于刻苦练习,不到一年时间他就夺得了学校的吉他比赛冠军。又用了一年时间,他通过了中国音乐家协会古典吉他 10 级评定。随后,他遍访苏州各个琴行,为的是找到会弹弗拉门戈吉他的人。他在网上找演奏大家的视频资源进行学习,同时靠着教授吉他课赚学费,到弗拉门戈吉他艺术的发源地——塞维利亚学习并晋级大师班。从西交利物浦大学毕业后,他升入英国帝国理工学院,成为和他自己的偶像同样的人。

自信心的培养也对应着自尊心的培养,自信心意味着确信自己能够胜任某件事。有关胜任力方面,威廉·斯蒂克斯鲁德(William Stixrud)和奈德·约翰逊(Ned Johnson)在《自驱型成长:如何科学有效培养孩子的自律》一书中介绍了一个胜任力模型。我查阅了原文,这个胜任力模型就是由戈登国际培训公司(Gordon Training International)的前雇员琳达·亚当斯(Linda Adams)在《学习新技能:说起来容易做起来难》这篇文章中提出的学习步骤模型。

我非常喜欢琳达·亚当斯的一句话:"学习通常是一个缓慢的而

且是经常是一个不那么令人舒服的过程。"人的天性是喜欢玩耍的，通过玩耍来学习，每一个人都会喜欢。这也是孩子在幼儿园阶段无太大压力的原因。等到开始学习抽象和高深的知识时，大脑需要进行专注和持续工作。大脑本身的运行是通过燃烧葡萄糖进行的，而且人类的大脑天然地容易被各种各样的信息和刺激所吸引，因此我们不难理解人为什么可以轻松愉快地刷好几个小时的手机看视频或者夜以继日地打游戏，但是很难专心看 30 分钟的书。人类的大脑天然地对于各种各样的信息是贪婪的，人类在进化过程中曾经面临非常凶险的外部环境，因此大脑形成了对于外部信息特别是新的刺激信息的高度关注和优先处理的工作机制。

在胜任力模型中，学习一项新技能需要四个阶段。第一个阶段是"无意识的不会"，也就是我们常说的"我不知道我不知道"。此处，作者琳达·亚当斯举了一个自己的例子，她在看到一个朋友通过普拉提练习塑造了很好的体型后，决定也试试。结果上第一堂课的时候，她感到很难为情和笨手笨脚的，这时她才发现自己对于普拉提一无所知，她从来没见过也很少用到这些练习设备。

回到孩子的学习方面，威廉·斯蒂克斯鲁德和奈德·约翰逊在《自驱型成长：如何科学有效培养孩子的自律》一书分享了自己的经验。以学习数学为例，在"无意识的不会"这个阶段，孩子们会认为"我挺不错的，我不需要学习数学，我本来就会"，但实际上他们并不会。

第二个阶段是"有意识的不会"，也就是"我知道我不知道"。

当突然意识到原来对于某事做得真差劲的时候，我们就明白真的需要学习了。在学习普拉提的例子里，琳达·亚当斯本来认为自己已经进行了多年的健身练习，身材已经很好了而且很强壮，但是经过两到三节的普拉提课程以后，她发现自己能够做得好的动作非常少，这让她很吃惊。

当孩子的数学题做不出来的时候，他就会意识到，好吧，这个比我想象的要难，看来我得下点功夫来学了。这个时候，虽然从效果上来说，可能没有明显的变化，但是大脑里的想法和意识的变化已经发生了。"意识"是行动的先导，没有意识就不可能有后续的想法、计划和行动。这是非常关键的一步。

我在本书中也一直强调，我们这些做父母的人，在孕育生命和养育小宝宝的时候曾经那么乐观：不就是养孩子吗？不就是上学吗？我自己就是从小孩子长大的，我也是从小学一路读书读过来的。当被面前这个可爱的、聪明的小家伙挑战的时候，我们才发现自己原来是那么手足无措。

第三个阶段是"有意识的胜任"，也就是"我知道我知道"。到了这个阶段，我们开始有意识地尝试、实验和练习。我们现在知道如何正确地运用这些技能，只是还需要进一步思考并练习如何使用。

在普拉提的例子里，琳达·亚当斯开始能够把注意力完全集中在要完成的动作上，这样才可以获得这个动作本该有的效果，以及避免重复被教练纠正动作。虽然这样做不容易，因为身体还不习惯这样的动作，而且做出这个动作所需的核心力量还不够。但在教练的帮助下,她的动作完成得越来越正确了。

我有一段时间特别留意并支持大儿子的数学学习,这时他刚开始学习方程式。对于很多概念,他在听课的时候可能觉得很简单,但在解题的时候却找不到思路。我告诉儿子,如果需要我帮忙可以随时来问。在经过上述"无意识的不会""有意识的不会""有意识的胜任"阶段以后,他的解题正确率越来越高,虽然还有个别的新题目会出错,但这不正是学习的目的和意义吗?在对于一元一次方程掌握得比较好了以后,他甚至开始期待单元考试了。

第四个阶段是"无意识的胜任",也就是"我不知道我知道"。当我们持续练习一项技能的时候,最终这个技能对于我们来说就会变得非常容易,而且随着时间的推移,变成我们身上非常自然的一个技能。

当琳达·亚当斯每周练习两次并坚持了几个月以后,她可以轻松流畅地做出更多的动作了。此处大家也可以回想一下自己学习开车的经历,是不是也明显包括以上四个阶段。

在经历了多次从"不会"到"会",从"不能"到"能"的过程以后,孩子的自信心就会建立了。自信心有另外一个非常重要的功能,就是能够鼓励孩子尝试不同的新事物,不会因为害怕失败而畏首畏尾。对于某一件事的胜任力和效能感,可以迁移到其他的事情上。所以如果孩子的状态不好,可以先选择一项容易的任务让他完成。同时,我们也要牢记胜任力模型的四个阶段,耐心地帮助和辅导孩子。若孩子在某一方面建立了信心,即使是比较小的一件事情,也有助于他开启下一个学习项目。

能力和信心是相辅相成的。有能力就有信心，有信心就敢于尝试新事物、学习新本领，从而进一步增强能力。对于大脑来讲，经常使用的技能，在经过多次练习后就会逐渐"自动化"。从大脑资源使用的角度，这是为了保证我们随时都有充足的大脑资源去完成新的任务。如果对于每一天所要做的所有的事情，都像刚开始学习该技能时投入巨大的大脑认知资源，那么我们的生活就会崩溃。

在能力训练和养成方面，另外一本非常值得推荐的书是《刻意练习》，作者是心理学家安德斯·艾力克森（K. Anders Ericsson）和科普作家罗伯特·普尔（Robert Pool）。刻意练习的核心理念是聚焦（Focus）、反馈（Feedback）、校正（Fix），也就是专注于所练习的事物，同时要得到专业人士的即时反馈，然后不断地改进。对于技能型技巧，通过大量重复并在专业指导下进行练习，是可以有效获得能力的。

假如通过时光旅行回到童年

思想实验是一种思考方式，很多科学家特别是物理学家都通过思想实验的方式，发现了宇宙运行的某种规律。

思想实验并不复杂。假设你有一扇时光穿梭门，有且只有一次机会进行一次往返的时光穿梭，在这个前提下，我们来做两个思想实验。第一个思想实验是回到我们的童年，第二个思想实验是前进到我们孩子的未来，也就是我们的暮年。

回到自己童年时期的思想实验是这样的。想象自己回到小时候并告诉父母一些关于儿童教育的建议，你会选择回到哪个阶段，幼儿园，小学，中学，还是大学？你会给你的父母提出什么样的建议？你会对自己说什么？

前进到孩子成年期的思想实验是这样的。假如你可以穿越到20年后，看到自己的孩子将要生活的那个世界，你觉得未来会是什么样子的？如果可以按照现在科技和社会发展的趋势进行推论和设想，你觉得该如何帮助孩子为未来做好准备？

在2021年1月的一期《911家长会》节目里，我和主持人向听众们抛出了上面的这些问题，得到了大家非常积极的响应和发来的分享。我的一个朋友回复说，她会对儿时的自己说："谢谢你，你是一个聪明漂亮可爱的小姑娘，笑起来更漂亮，要多笑哦。"对儿时的父母说："我会看面相，你们的女儿会有顺遂的人生，不用担心，趁着年轻你们吃好穿好，妈妈好好打扮下自己。"如果穿越到孩子的未来，那么返回以后她会对自己说："别为孩子的那些事情烦恼了，放轻松，过好自己的人生。"

我的另外一个朋友回复说，他会对儿时的自己说"要勇敢"，对那时的父母说"爸爸妈妈你们一切做得都刚刚好"，对当下的自己说"一切都刚刚好"，只有这样才能让自己在正确的时间遇到相爱的人，"才能遇见你们"。

在节目的直播中，很多听众朋友也发来了他们的分享。还有很多人希望小时候的自己更努力一些。

运动员在竞技比赛中,如果有太大的压力,动作就容易出错;我们在工作中,如果焦虑过多、思想包袱过重,也容易出昏招。我们当父母的,每天所揪心的不过是孩子的未来,但是又只能把握当下,所以才焦虑不安。其实只要想想自己是怎样长大的,回想一下自己是按照一定的人生设计一路走来的,还是在人生中不断地见招拆招渐入佳境的,相信答案自然会浮现出来。

当然,人生中总有遗憾,你做了萝卜,自然就做不成青菜;人生不过如此,且行且珍惜。对于人生,我们可以抱着比较轻快随便的态度。我们不是这个尘世的永久房客,而是过客。

不要让学校的压力在家里扎下根

"不要让学校的压力在家里扎下根",当我在威廉·斯蒂克斯鲁德和奈德·约翰逊的《自驱型成长:如何科学有效培养孩子的自律》一书中读到这一句话的时候,有一种被闪电击中的感觉。斯蒂克斯鲁德是美国著名的临床神经心理学家,他有着超过30年的经验,致力于帮助孩子应对焦虑、学习障碍和行为问题。约翰逊是美国一位非常成功的教育辅导公司的创始人,在工作中他接触到各种各样的孩子和他们的家长,并协助解决家庭教育问题。

斯蒂克斯鲁德和约翰逊在书中分享了一个叫作约拿的孩子的故事。这个孩子除了在学校的学习以外,还有一个家教、一个治疗师和一个专门的学校辅导员,他们定期和约拿的父母沟通,探讨他没完成的那些作业。当所有人都非常紧张和努力的时候,约拿本人却像个没事人一样。

因为约拿学业成绩不理想,于是父母牺牲了自己的时间来帮助和辅导他,还花费了大量金钱聘请多位专业人员介入。这就是把学校的压力带回到家里面,并且形成了一切都要围绕着这个本来需要在学校里面解决的问题来运行,而这一切的核心,其实是约拿自己。如果父母亲把孩子的一切都管了起来,那么其实就是告诉孩子他自己可以不负责任。

另外,我们也不能强迫孩子去做他不喜欢的事情。就像我们经常为了孩子挑食而批评孩子,但其实我们大人也是挑食的。我们从来不在餐桌上表现出挑食是因为:第一,我们只会选择我们喜欢的食物;第二,没有人来逼着我们去吃我们不喜欢的食物。

在约拿的例子里,斯蒂克斯鲁德和约翰逊与约拿的父母沟通,建议他们把生活的控制权还给孩子。虽然约拿的父母一开始并不接受这样的理念,但是出于试试看的想法,他们还是照做了。他们和约拿约定,他要对自己的作业负责,他们也不会再强求他顺从,而是给他预留更多的时间。斯蒂克斯鲁德和约翰逊给出的建议是,父母应该放松下来,愉快地和孩子相处,而不是每时每刻都要强调情况有多么糟糕。

在具体的操作上,约拿的母亲不再每天一个劲儿地问:"你今晚还有家庭作业要做吗?"而是开始说:"你今晚有什么需要我帮忙的吗？我想了解一下，以便我晚上安排好时间。"在给孩子提供了一间安静的不受打扰的房间以后，在表明父母会非常愿意在需要的时候提供帮助以后，他们还跟孩子说："我们不愿意看到你的事儿最终都变成了我们的事儿——如果真是如此，那么我们就是把你给害了。"

事实证明，当父母后退一步以后，孩子往往会迎头赶上，尽管可能并不是一开始就表现得很明显。一旦孩子的学业能够自主，他与父母的关系也能够改善，虽然在约拿的案例里，一开始的几个月真的是挺糟糕的。当孩子意识到他自己，也只有他自己需要为自己的未来负责的时候，就会发奋努力。在高中差不多要留级的时候，约拿突然开始重视自己的学业，在平时上学以外，还读了两年的夜校，最终考入大学攻读心理学，一切都很顺利。

回到本章的主旨，引用斯蒂克斯鲁德和约翰逊的话作为结尾："教师可以教导孩子，教练可以训练孩子，辅导员可以跟孩子强调毕业有要求，但是父母要做的只有一件事：无条件地爱自己的孩子，并为孩子提供一个安全的归宿。对于在学校或生活中遭遇压力的儿童，家庭应该是一个安全的避风港、一个休息和恢复的地方。当孩子感受到，他们即便身处困境之中，也深深地被父母爱着，他的韧性就会增强。"

第七章

家长要做好情绪管理

相爱总是简单,相处太难。

——歌曲《心太软》

在阅读美国心理学家艾莉森·高普尼克的《园丁与木匠》一书时，我的脑海中突然浮现出一幕场景。

那是我上小学的时候，有一天在办公室门口，我的班主任李玉梅老师跟我说："你是不是觉得你的爸爸跟你像朋友一样啊？"

其实在很长的一段时间里，甚至到我大学毕业以后，我都不太能够认识父母在我的童年教育中的重大作用。一是时间久远，很多儿时的记忆已经模糊；二是我对儿时所保留的记忆，大多是以自己为中心，很多时候看不到父母为我所做的事情。当很多亲友跟我的父母说，他们培养了一个好学生的时候，我甚至还会想"他们没做什么啊，都是我自己学出来的"。

当我也成为父亲以后，才明白自己有多么幸运。从小到大，有那么多的良师益友，有一个像朋友一样的爸爸。

印象里，爸爸工作一直很忙，他那个时候应该比我现在面临的生活压力还要大，工作难度更具挑战性。但是我使劲地回忆，也想不起来他曾经动过我一根手指头，似乎连大声对我说话都没有。我能想起来的，更多的是他出差前悄悄地给我 5 毛钱，带我在渭河边柳树下的路边学骑自行车，拿出将近半个月的工资为我买一本《百科全书》，在我初中的时候，因为我想学编程，他拿出一个多月的工资给我买了一台学习机。

爸爸退休后花了七年时间写了一本回忆录，感觉意犹未尽，又花了一年时间写了第二部。这两本书都是整整齐齐地手写在两本厚厚的笔记本上的。我自告奋勇地替他录入文字，才发现他竟然记得我小学时候写过的作文，对我的一举一动和点滴的成长都记得清清楚楚。

这时我才意识到，爸爸年轻时虽然很忙，但是他一直都在默默地关注着我。甚至在得知上下学路上有坏孩子欺负我的时候，他悄悄地在我上下学的时候跟着观察，但是从来没有直接闯入我的小小世界，让我按照本性去发展。

如果意识到有问题，他会采取果断的行动。记得大概在初中的时候，那时候流行街头的录像厅，里面主要播放香港的影片，内容良莠不齐，很多孩子都会去看。有一次我跟着几个邻居的孩子也进了录像厅，结果刚坐下来没多久，老爸就端着茶杯出现了，喊我回家。

当我成为父亲以后，才明白能够做到像老爸那样不对孩子发火是多么了不起的一件事。

认识压力

在人类压力研究中心（Centre for Studies on Human Stress，CSHS）的网站①上有关于压力的非常全面的知识。

"压力"这个词是压力研究领域的奠基人之一汉斯·塞利（Hans Selye）博士从物理学借用来的词汇，英文为"stress"。在物理学概念中，压力是指可以在物体表面产生重负的力。20 世纪 20 年代，塞利博士在蒙特利尔大学完成学业以后开始使用"stress"一词，因为他观察到不管他的病人的病症是什么，都有一个共同的表现，就是看起来病恹恹的，就像在物理的压力之下一样。

在 CSHS 的网站上，索尼娅·卢比安（Sonia Lupien）对压力的来源做了一个总结，可以缩写为 NUTS。

N 代表 Novelty，指那些你之前没有经历过的事情。举个例子，人在年轻的时候学习新的技术是很快的，但是随着年龄的增大，如果还要从零开始学习使用一个计算机软件，而这个计算机软件将会改变你的工作习惯，这就会带来压力。当我们即将进入婚姻的殿堂，即将迎来自己的第一个孩子，或者即将开始在新单位的工作，我们都会有压力感。

U 代表 Unpredictability，指那些你无法预料会发生的事情。这

---

① https://humanstress.ca/stress

属于对于外界环境的感知方面,例如你所处的环境将要发生一些事情,这些事情可能会影响你,但是什么时候影响、如何影响,你并不知道。回想一下,当你刚刚参加完考试等待考试成绩的时候,或者刚刚面试完等待录取通知的时候,你的压力感是不是很大?有一次,我在伦敦碰到了罢工和游行:去乘坐地铁,发现地铁站被游行的人占领了;去打车,发现因为街头有游行而不得不绕行。这些都是压力事件。

曾任迪士尼 CEO 的罗伯特·艾格(Robert Iger)在自传《一生的旅程》中讲到他的父亲经常会情绪失控,有时是一位慈父,有时又会暴怒,这让他们几个孩子压力很大,所以他们总是通过父亲回家后上楼梯的脚步声来判断今天回来的是"哪个"父亲。

T 代表 Threat to the Ego,指那些可以让你感觉你作为一个人的能力会被质疑的事情。在工作场合,如果我们的能力和做事的方法被质疑,那么我们就会产生压力感。相信很多家长会时常需要回答学校老师有关自己如何在家陪伴和辅导孩子的问题。我还记得在网上看到有一位心理学教授被孩子的老师叫到学校里教训了一通,所幸这个家长是一位心理学教授,后面使用自嘲的方式调节了自己的情绪。

S 代表 Sense of Control,指你感觉对于当前事态失去了控制或者只有很少的一点控制的事情。我在北京工作的时候,曾经陪着从德国来的合作伙伴逛北京。这位习惯了在德国公路上以 180 迈的速度开车的人,到了北京看到了满街的摩天大楼,然后就被北京的堵车逼疯了。当我们乘坐的出租车一点一点地在车流里挪的时候，他崩溃了，要去坐地铁。到了地铁站，看到汹涌的人流，他又灰溜溜回来打车了。

我曾经在一次出差的前一晚，手机卡出了点问题。要知道，我们现在所有的关键信息，包括机票、出门的安全码都在手机里。我瞬间压力大极了，后来家里人提醒我再装一个手机卡就可以打开手机了，这才解决了问题，压力感瞬间就降了下来。

以上种种压力源，会激发我们身体的压力激素，以及我们对于压力的应对。

按照塞利博士的研究，压力的过程分为三个阶段。第一个阶段是感受到压力刺激以后的身体觉醒阶段。第二个阶段是压力对抗阶段，身体调动所有的资源，主要是将身体的糖原输送到大脑和身体其他各个部分，肾上腺素开始分泌，并伴随着血液输送到身体各处。与此同时，交感神经被激活，我们的呼吸变得急促、心跳变快，血液流速加快、血压升高，肌肉开始收缩，同时血管也开始收缩。第三个阶段是压力消退阶段。随着副交感神经系统开始发挥作用，呼吸平复，心跳减缓，血压下降。

压力来源于 NUTS，很大程度上与外界刺激对我们的要求和我们所能够完成的评估有关。也就是说，如果面对一个事件，我们潜意识中认为可以搞定，那就不会产生压力。如果感觉有可能搞不定，就会产生压力。

压力的脑机制

情绪是人脑的高级功能，是与人的生存密切相关的机制。情绪有一大特点，就是具有自发性，也就是说情绪的产生不受人的主观意志的控制。情绪和人的交感神经系统以及副交感神经系统密切相关，在大脑中也与杏仁核等一系列功能区有关。情绪的发生虽然是自动的，但也是可以调节的。

情绪有两个主要的功能，第一个功能是使人趋近某个事物，第二个功能是使人躲避某个事物。举个例子，当看到芬芳美丽的花，人就会产生愉悦的情绪，从而愿意俯身去细细观赏并可能想闻闻花香。但是如果走在路上，看到马路边上有令人恶心的东西，那么立刻会产生厌恶的情绪，从而快步绕开。路上看到凶恶的狗在狂吠，也会让人因为害怕而躲得远远的。

情绪还有三个主要的表现方式：第一，情绪发生时人会有一种主观体验，也就是我们能够感受到我们是快乐的还是不快乐的，或者其他情绪状态；第二，情绪会引发一种生理体验，也就是我们常会感觉到的血压上升、呼吸加快、心跳加速等生理反应；第三，情绪还会表现在表情、声调和身体姿态上。例如，人突然听到好消息的时候，会产生狂喜的情绪，心跳加快，同时说话的声调也不知不觉高了许多，洋溢着喜悦。但是如果听到不好的消息，则心情低落，悲伤难过，身上发冷，说话的声音不自主地低沉缓慢。

情绪和我们的认知也有非常重要的关系。人类大脑里有两个重要的部位，一个叫作海马体，一个叫作杏仁核。海马体主要负责学习和记忆，杏仁核主要负责情绪。当压力事件发生的时候，杏仁核就会接管大脑的运作。当我们处在一定的情绪状态的时候，也必然会做出一定的行为。这个地方我们要注意的是，当我们在某个情绪状态下做出了一个行为的时候，这个行为过程本身会被海马体所记住。

我们的大脑记住一件事情的方式，是通过大脑里数不清的神经元之间所形成的链接。在大脑里，我们的行为会被神经元的链接路径所表征，对于某一个事件或情形的应对会在大脑里被表征为一个神经元链路（实际情况当然更复杂，为了便于理解可以这样简单地描述），从而形成记忆。在下一次出现类似的情景的时候，大脑会检索记忆并提取上一次的处理方式，并重复与上一次相同的行为，进而又一次重复并加强了这一神经元链路。这就是重复行为可以养成习惯的心理学原理，也说明了为什么当我们第一次情绪失控，比如说第一次情绪失控吼了孩子或者打了孩子以后，后面就会越来越容易向孩子发脾气。如果没有外力的作用或者自己的觉知，是不太容易跳出这种恶性循环的。

《自驱型成长：如何科学有效培养孩子的自律》一书对于大脑中的压力产生机制进行了非常形象的说明。我也一直提倡孩子学习一些脑科学知识，在我大儿子三年级的时候，我还积极参加了学校组织的"家长进课堂"活动，为孩子们讲了一节"好玩的心理学——

大脑的秘密"的课程,其中重点讲了大脑神经元工作原理,以及由此形成的记忆的过程和原理。

在书中,作者威廉·斯蒂克斯鲁德和奈德·约翰逊说,学习了脑科学可以让孩子明白,人们的行为在很大程度上源自化学而不是性格,想要掌控思维和情绪是一件不大容易的事。他们进一步描述说,在培养和维持健康的控制感方面,有四个主要的脑内系统,分别是执行控制系统、压力反应系统、动机系统和静息状态系统。在此进行简要转述如下。

执行控制系统被形象地称为"领航员",主要受前额皮质影响。前额皮质这部分脑组织主要与组织规划、控制冲动、判断决策等认知功能有关。当我们处在平静、放松以及有控制感的正常心智状态的时候,前额皮质可以正常工作,监测和调控大脑的大部分。但是,如果一个人身处压力之中,前额皮质就不能正常工作,从而可能使人冲动行事,或者更容易做出愚蠢的决定。

在压力情景下,大脑中的压力反应系统将会接管心智。我们之前介绍过,情绪是人的大脑的高级功能,其中一个很重要的功能就是提升我们的生存概率,让我们在危险来临的时候可以及时采取行动。情绪在心理学上可以分为心境、激情和应激三个类别,而应激就是我们常说的压力。

我们大脑中的压力反应系统之所以存在,也是为了确保我们不受到伤害。这个系统包括杏仁核、下丘脑、海马体、脑垂体和肾上腺,被威廉·斯蒂克斯鲁德和奈德·约翰逊形象地比喻为"斗狮战士"。其中，杏仁核是原始的情绪处理中心，对于恐惧、愤怒和焦虑特别敏感，也是我们大脑中威胁检测系统的关键组成部分。

我们人类在面临危险的时候往往有两种行为模式，英文称为"Fight or Flight"，中文可以表述为"战斗或者逃跑"。想象数万年前人类祖先生活的蛮荒时代，在和各种各样的大型动物共存的危险环境中，如果我们的祖先遇到了捕猎动物的威胁，而不能够产生恐惧的情绪，因而也不懂得逃跑，那么人类早就灭绝了。所以遇到危险，通过战斗来保护自己，或者感觉不妙先走为上，都是一种生存策略。这个策略机制也一代一代遗传下去，成为我们大脑功能机制的一部分。对于现代人来说，我们可能没有意识到这样一个机制的存在。在面临压力的时候，杏仁核会接管大脑，这个时候我们的行为模式更多的是符合我们作为人类的本能和习性，或者换一种说法，我们的行为更具备动物性。

威廉·斯蒂克斯鲁德和奈德·约翰逊所总结的大脑四个系统之一还包括动机系统。动机系统是大脑的"奖赏中枢"，负责分泌我们所常听到的多巴胺这类神经递质。当我们获得好的体验的时候，多巴胺的水平会比较高，从而促使我们渴望再一次获得这样的美好体验。因此，多巴胺对于我们人类来说就是一种驱动力。慢性压力会使多巴胺的水平逐渐下降。

静息状态系统是我们不常听到的一个系统。通过核磁共振成像技术，科学家们已经可以对处在某种活动中的人的大脑进行探测，从而判断其大脑中正在发生什么。除了探测人们忙于某项活动时的大脑以外，科学家们也开始关心当人们"什么都不做"，也就是静静独处的时候，大脑在做什么。研究发现，大脑中存在一个"默认模式网络"，这个网络集中在大脑前端和后端的阴影区域里，当我们思考过去和未来，想到自己和他人，甚至让思想自由延伸时，这个网络都会被激活。默认模式网络所消耗的能量占大脑所用能量的60%~80%。这是一个自我反思和反思他人的系统，可以帮助大脑恢复活力，并将信息存储在能永久保留的位置，对于创造性的激发也有重要作用。

你的陪伴是支持还是压力？

孩子们因为小，所以他们的压力往往被成年人忽视了，甚至很多人会说，孩子怎么会有压力？通过前文的介绍，你应该可以发现，即使很多成年人，也未必对于压力有正确的认识。

成年人的焦虑来自对未来不确定性的恐惧，以及社会评价带来的对比。孩子都希望得到父母的全力支持，例如在学习和生活中遇到困难的时候，得到父母的指点和帮助。父母结束一天的工作，晚餐后的时间里往往花费在陪伴孩子上。在此，我们要不断地审视自己，我们的陪伴对于孩子来说是支持还是压力？

如前文所述，人在面临压力的时候，会有一种"战斗或者逃跑"的行为模式，其实如果为了更完整地进行表述，还有第三种行为模式，这种模式在动物世界里面很容易观察到，就是"装死"。在我们人类的生活场景里，会表现为"愣住"。大家可以自己去观察一下，当一个大人向小孩子发火，或者长篇大论地给孩子摆事实讲道理的时候，孩子的反应往往就是"愣住"。因为在大人的怒气之下，孩子其实既不能采用"战斗"的方式，也无法"逃跑"，那么就只能选择"装死"了。

有压力并不一定是坏事，适度的压力对人是有利的，可以有效地唤醒身心，让人能够处在一种警觉的状态或者保持一种兴奋感，俗话说的"没有压力也就没有动力"，大致就是这个意思。但是长期的压力，或者过度的压力对于人的身体健康来说，就是一件很危险的事情。

我们在之前的部分介绍了塞利博士的压力三阶段论。我们没有办法避开压力，每天都自觉或者不自觉地经历和处理很多压力事件。当我们感受到环境中的危险，或者由于感觉自己缺乏控制感而产生了压力时，我们的身体就会被激活，开始对抗压力。杏仁核首先向下丘脑和脑垂体发出信号，然后肾上腺被激活并分泌出肾上腺素，肾上腺素遍行身体各处，使我们充满力量，全身血脉偾张，肌肉紧张，为"战斗"或者"逃跑"做好准备。这是一个完全自动自发的过程，并且发生的速度非常快，以至于我们无须思索就能够快速采取行动。我们的祖先是否能够活下来，就取决于在危险中的反应速度。

如果压力事件很快得到了解决，那么我们身体的各方面很快就会恢复正常。如果压力是长期的和持久的，在肾上腺素分泌之后，肾上腺还会继续分泌皮质醇，为身体的长期作战做准备。我们人类身上的皮质醇一旦产生，少则会保留几天，多则几个月。皮质醇会对海马体产生破坏作用，弱化海马体的细胞并杀死它们，而海马体恰恰是负责学习和记忆的脑功能区。

由此我们就可以理解，虽然让孩子在压力状态下进行磨砺和锻炼的想法有一定的道理，我们从小就学习和背诵"故天将降大任于斯人也，必先苦其心志，劳其筋骨，饿其体肤，空乏其身，行拂乱其所为，所以动心忍性，曾益其所不能"，但从科学的角度看，在具体的处理方式上，我们要确保压力是适当的，并且要有一定的压力调节机制。长期压力会破坏学习能力，特别是对于还处在生长和发育过程中的年轻大脑来说。

如果在陪伴孩子的过程中，我们能够通过自己的智慧、知识和经验，帮助孩子解决知识学习上的具体困难，当孩子遇到想不通的事情的时候，我们能够通过与之谈心和聊天予以化解，那么我们的陪伴就是支持。

如果我们只是机械地给孩子安排学习任务，并且一个任务接着一个任务；当孩子遇到困难或者只是学习速度慢，就指责、批评甚至惩罚孩子；不能有效地控制自己的情绪，不能解决自己的焦虑，把在工作中没有解决的问题和情绪带回家，并把这些焦虑和不良的情绪传递给孩子——这种陪伴就是压力。

解决好自己的负面情绪和压力

读到这一部分，请先做个深呼吸，给自己减减压。

作为复杂世界中的一个成年人，生活本来已不容易，到处都是压力源，每天回到家中，还要面对孩子的学习和成长中所出现的各种情况，比如不断小心翼翼地检查班级群，以免错过重要的消息或者作业任务。

疫情期间，大人经常需要居家办公，孩子也时常因为疫情的原因居家上网课。正常生活节奏被打乱，会让大人和孩子都产生紧张和焦虑的情绪。特别是当网课作为疫情期间唯一不中断的选项时，孩子们因为自控力的原因很难完全集中注意力去学习，这个时候家长看在眼里，更是急在心里。

此时，我们要调整好自己的身心状态，解决好自己的压力问题，同时注意不要把压力传递给孩子。即使在生活秩序正常的时候，我们也不要成为孩子的压力源。

孩子们都是很敏感的，这是因为在孩子的天性里面，就需要能够洞察到环境的变化，特别是自己的养育者的变化。你看小孩子，都是特别喜欢盯着大人的眼睛，并且能够很敏锐地感受到大人的情绪微小的变化。孩子们也很在意大人们的感受，并且还特别容易将一些不好的事情归咎于自己。

因此，作为家长，首先我们自己要成为能够积极调节情绪并有效处理压力的人。如果我们把家庭以外的压力带回了家，就会造成家庭气氛紧张，孩子们会非常敏感地捕捉到这种紧张的情绪，也会由此产生压力。如果我们希望孩子们能够得到发展，能够顺利地学习和成长，那就尽量不要让压力去占据孩子的生活。

另外，如果我们能够积极调节和处理压力，就能够给孩子们做出一个榜样，让孩子们看到，自己的父母即使在面临困难和挑战的时候，也能够自信和从容地面对和处理，并解决问题。行胜于言，大人们给孩子们做出的表率，胜过千言万语。通过观察父母的行为和处事方式，孩子们也能够逐渐建立一个信念，那就是办法总比困难多。

最后，解决自己的负面情绪，有意识地控制好自己的情绪，将压力在家庭之外处理掉，可以避免将压力带入家庭生活。这是负责任的成年人该有的态度，也是可以有效避免孩子们被无故迁怒的一种有效策略。不迁怒于孩子，不苛责孩子，就不会让孩子产生"我很差劲"的感觉，这对于塑造孩子的自信心是非常重要的。

人的心境其实在某种程度上是由信念构成的，即你所认为的世界是什么样的，最终你的世界就是什么样的。例如，在疫情期间，大家的生活和工作都被打乱了，很多事情不能如意，有的人每天沉溺于浏览网络推送的各种负面消息，全然不知这样的消息看得越多，就会看到越多这样的消息，进而更加觉得自己观点是对的，从而加强了喜欢抱怨和消极看待一切的行为习惯。也有的人虽然不能按照原有的计划行事，但是也抓紧时间进行健身、学习和投资，并在困难中尽量把事情做好。虽然大家处在同一个物理世界，但是由于秉持的信念不同，实际上每个人都生活在不同的世界中，而这个世界恰恰是自己所塑造出来的。

觉察、阻断和改变

每当孩子做出了令你不满意的事情的时候,你是如何反应的呢?

你有没有发现,一旦有了第一次对孩子发火,那么以后似乎就很容易发起火来,只要遇到某个特定的情形,就压不住火而爆发起来。事后看着孩子可怜的样子,自己内心又十分内疚和后悔,并且暗自下定决心,再也不这样了。可是到了下一次碰到这个特定的情形时,又忍不住爆发了。

以上的情形,我们姑且称作"自动反应模式"。

当我们在某个特定情形下,对于一件事或一个人采取了一定的行动,这个行为过程就会被海马体记录下来。我们所有的行为过程,都会在大脑中由神经元链路来表征。下一次遇到相似的情景,之前的神经元链路就会被激活,从而使人做出相似的行为。这样的行为越重复,就越会加强自身,表征它的神经元链路就越稳固。

我们的一切感知和情绪,其实都是从自己的心里发生的。囿于成长经验、教育经历、生活经历等,我们被塑造成现在的自己,却可能并不完全了解这个过程。因此,我们也可能意识不到自己的很多行为其实是自动化的,或者是盲目从众的,由此深深陷入家庭教育的琐碎、困难、挑战甚至痛苦之中。我们甚至大多数时候不知道,孩子的问题其实根植在我们自己身上。在《蛤蟆先生去看心理医生》这本书里,原来一向热情合群的蛤蟆突然之间闭门不出,当朋友们去看他时，发现他一个人躲在家里，邋遢颓废，在心理医生的帮助下，蛤蟆才发现自己的心理问题原来源于童年经历。出生在富有家庭的蛤蟆，有一个冷漠和严苛的父亲，小时候积累的愤怒和无力感，让蛤蟆成了一个非常善于迎合别人的人，并且在青少年时期也容易越界，做出冒险甚至违法之事。成年后的蛤蟆突然得了抑郁症，在心理医生的帮助下，他通过改变自己的看法和想法，重新变得积极乐观了。

不管是从禅修的智慧里，还是正念的练习中，或者就大脑的工作原理来说，要做出改变，第一步是觉察，也就是意识到问题的存在。在我们的生活和学习中也是这样，这就是为什么工作中有一位好导师、好师父，生活中有一个敢于善于指出我们不足的好朋友的重要性，否则我们自己是很难意识到自己的问题的。

单单意识到问题，还不足以产生即刻的效应，因为我们所有的行为，其实都是以神经元链路的形式表征在我们的大脑里。下面进行详细的介绍。

我们在本书之前的部分已经了解到，大脑里"住"着两个很重要的角色，一个叫作杏仁核，一个叫作海马体。杏仁核负责处理情绪，当我们感觉自己处于危险之中，或者生存受到威胁的时候，杏仁核就会发挥作用，接管大脑的运作。海马体的形状就像海马，这个大脑的组件负责记忆和学习，如果一个人的海马体受损，就不能够产生新的记忆。海马体还有一个重要的功能，就是通过提取过去的回忆来帮助我们进行判断。当我们处在一个比较困难的情形时，我们可以通过对比过去的经历来告诉自己，"这没什么大不了的"。

心理学家在研究中记录过一个名叫莫里森的病人的案例。莫里森为了治疗癫痫而接受了脑部手术。手术很成功，只是手术以后莫里森发生了一些变化：他能够清晰地记得手术以前发生的事和认识的人，但是对于手术后每天刚发生的事和认识的人，却一点儿都记不住。除此之外，莫里森一切正常。医生们花了很长时间进行诊断，都找不到原因，后来才发现，手术后不能形成新的记忆的原因，就是莫里森的海马体在手术中受损了。由此，我们才知道原来海马体是掌管学习和记忆的大脑功能区。

在我们人类的大脑中，大约有100亿个神经元细胞，这些神经元细胞随着我们出生长大，开始逐渐长出轴突和分支（树突）。一个神经元的树突可以有很多，每一个树突都可以和另外一个神经元的轴突形成链接，从而形成一个非常复杂的神经元链路。我们每一个行为方式，都可以简单地理解为被大脑中的一条神经元链路来表征。

生气是杏仁核所管控的事情。但是应对生气的行为，不管是积极的，还是消极的，都会被海马体所记录下来。海马体就像一个认真负责的刻录机，把我们的行为记录下来，并且在大脑中也会产生对应的神经元链路来表征这样的行为。

我们行为的自动化，是指在相似的情境下，甚至在面临新的问题时，大脑都会提取之前的经验模式，既有的神经元链路会发挥作用。想象我们在大海边，用小铲子在沙滩上沿着同样的轨迹刮，很快就会刮出一道深深的沟渠，而海水就会沿着这条路径流动。小到山里面的小溪流，大到江河的河道，都遵循着同样的逻辑。我们的行为也是这样，是在潜移默化中慢慢形成继而固化的。同样的行为模式重复的次数越多，相应的表征该行为的神经元链路就越牢固，从而下一次重复该行为的概率就越大。

假设我们在辅导孩子作业这样一个情境中，当看到孩子的反应不够迅速（不如我们预期的迅速），理解不够准确（不如我们的理解准确），做出来的答案是错的（违背我们的预期）时，我们不由得一股无名之火涌上心头，感觉血液也在向头上涌。这其实是一种混合了压力感和愤怒的情绪。

从对压力的研究我们知道，压力感往往来自不可控感。当我们耐着性子给孩子讲了好几遍题目，发现孩子还是不懂，而这个时候我们已经"黔驴技穷"了，已经不知道怎么讲才好了，就会产生一种"我什么也做不了了"的失控感，进而产生压力。

应对压力有很多种方法，总的来说分为积极行为和消极行为。在压力之下，对于孩子"不开窍"这样的事情我们不由自主地会很生气，这也是正常的情绪反应，但是接下来如何做，不但对于当时的孩子很重要，对于我们自己今后的行为模式也很重要，原因就在于之前讲过的神经元链路的相关知识。

觉察是阻断旧有行为的第一步，也就是能够意识到自己又在重复一个消极行为（例如对着孩子大喊大叫）。接下来的第二步就是阻断，即马上命令自己停止这样的行为。当然，在一个惯性的行为里面，阻断是不太容易的事情。这就需要或者借助外力，请我们的亲人或者朋友提醒我们，或者自己采用一个独特的方法。我之前读到过一个篮球运动员的故事，每当在赛场上情绪要爆发时，他就使劲弹一下自己的手环，这样产生的疼痛感就可以提醒他，阻断他的情绪爆发。

第三步是改变，采用积极的行为来应对问题（例如深呼吸，继续耐心地讲解，或者换一个话题，等孩子状态好一些的时候再继续之前的问题）。若表征新的行为的脑神经元链路使用的次数越多，其链接就越坚固，从而形成新的自动化过程。如果我们不断地重复一种新的行为，该行为所对应的大脑神经元链路就会不断被激活并得以加强，从而形成新的行为模式或者说习惯。而原有行为的神经元链路，按照"用进废退"的原则，在长时间不启用的情况下，会慢慢地断掉神经元之间的突触链接，而整个神经元链路最终会被"剪除"。因为我们是在不断地学习的，这些断掉的神经元突触会被用于形成其他的神经元链路。

有没有这种可能，既可以"鸡娃"，又不会为了孩子苦大仇深地牺牲自己的一切？虽然对于每个孩子需要具体来看，但是从方法论的角度来看，一定有某种方式可以帮助我们和孩子一同成长，既不用牺牲我们自己以成全孩子，也不用牺牲孩子的童年来成全他的成年。

每个人都出生于不同的地区，成长于不同的文化背景、教育体系和家庭环境中。每个人都无法选择自己所要出生的国家、地区、文化和家庭，无法选择自己的父母，也无法选择谁来做自己的孩子。

借由生物学上的奇迹,我们作为人类就这样一代一代地不断繁衍并发展。

警惕"信息茧房"

我们鼓励大家控制好自己的情绪,并不代表要做"完美的家长",从来不发脾气。对于任何一个人来讲,完美地控制自己的情绪都是一件不大容易的事情。当然,如果大家能够很容易做到这一点,那么这个世界上也就不会存在那么多讲述修为和养心方法的书了。

2021年2月27日,从中午开始打开朋友圈,我发现几乎所有人同时发出了一个消息:香港著名演员吴孟达去世了。在朋友圈里连续翻页,可以看到类似消息或者相同的文章和图片。这就是"信息茧房"现象。

其他类似的概念还包括"认知气泡"和"回音室"。这两个概念涉及网络时代的群体非理性和个体认知偏差,并在一定程度上强化了内卷。"回音室"是一个比喻性术语,用来描述一群人,他们的信念和观点通过重复(回音)被强化,而很少听到其他的或相反的信念和观点。信息是经过过滤的,仿佛通过了一个过滤气泡,在这个气泡中,很难听到对立的观点和声音。

在微信的朋友圈里,我们经常看到朋友晒自家的孩子,比如获得某种证书,在某个比赛中获得奖牌,考试结束后纷纷晒出孩子的成绩、三好学生证书以及各种各样的奖励。从特性来讲,社交媒体是用来管理自我形象、塑造自我社会定位的。社交媒体上所展现出来的内容是一种社交语言，但会给我们造成一种印象——"别人家的孩子"都特别优秀，而自家孩子经常被叫作"熊孩子"。

很多时候，性情比较率真的一些朋友，也会把自己和孩子之间的冲突晒在微信上。比如说今天"熊孩子"又做了一件什么样让自己非常恼火的事情，所以就把他胖揍了一顿。这样既晒出优秀的一面，也晒出比较"熊"的一面的朋友圈，才是符合日常客观情况的。

如果从两个方面来看，那些日常形象都温文尔雅的人，其实也有情绪失控和暴怒的时候。做家长的也要对自己宽容，不要被朋友圈里的假象所迷惑。

控制自己的怒气

如果我们忍不住发怒，对孩子发脾气，也需要知道我们为什么会发怒或者发脾气。

第一种可能的情况是，来自家长身体的疲倦。人在非常疲劳的时候，对于情绪的控制力会减弱。现在是网络和信息社会，工作压力大、节奏快，我们的身体非常容易疲劳。

回想 20 世纪 80 年代甚至 90 年代，那个时候真的是属于时光很慢的年代。现在，请大家做一个回忆练习。很多做过这个练习的人都说自己的童年阳光灿烂，时间仿佛凝固了，每天的节奏也是慢慢的，好像每个人都很放松。

在我小时候，电话是很稀缺的，所以如果一个人下班回到家，那就真的是回到了家，下班以后办公室里没有人，再着急的事情明天再说。那个时候虽然也会有加班、值夜班的情况，但是工作和生活之间的切换还是比较明显的，工作和生活之间的边界也是非常清晰的。

在现在这样一个数字化时代，工作和生活之间的边界被打破了，工作时间变长了，每个人都随时关注着手机上的各种应用，如微信、QQ、电子邮箱等。因为沟通的便捷，仿佛也没有了上下班的区别，即使是在晚上10点或者深夜，也会照常通过电子产品沟通各种各样有关工作方面的事情，周末也不例外。

不但实际上投入工作的时间被拉长了，而且由于通信的方便，我们每天所处理的工作的数量增加了，强度也变大了。即使是"朝九晚五"的人，在高强度的工作节奏中工作一天，身体也会感到非常疲倦，更何况在大城市里上下班还要经历让人疯狂的早高峰和晚高峰。历经艰辛才能够到达办公室，或者经历堵车或者拥挤的公共交通才能回到家里，如果再加上在早高峰之前把孩子送到学校或者在放学后把孩子接回家，可以想象做父母的身体上的疲劳程度有多高。

回到家以后，家长还要准备晚饭，可能还要辅导孩子做作业，以及各种工作上的事情。我们都知道，在非上班时间如果有工作上的事情，那往往不是好消息，而是一些棘手的问题或者亟待处理的状况，这些都会增加家长内心的焦灼感。

曾几何时，我在工作上有一些很重大的项目需要实施，每天下午就开始头昏脑涨。晚上回到家，身体就会感到极度疲劳，吃完晚饭以后最想做的事情就是休息，但是这个时候又要忙于看家长群里的各种消息，协助孩子完成各种任务。有一段时间，我经常向孩子发脾气，后来我反省了一下，发现自己发脾气的时间一般都在晚上10点以后。我醒悟到，这是因为在这个时间段身体极度疲劳，非常想休息但是又不能休息。在身体尚有余力的时候，还能够控制住自己的情绪，但当身体疲劳达到极限的时候，对情绪的控制力就几乎丧失了。所以我就跟孩子非常开诚布公地谈了一次，我为有的时候因一点小事向他发脾气而道歉，告诉他我发脾气的原因，并且和他约定，在这个时间段双方尽量避免面对面沟通，同时鼓励他尽量早一点自行完成作业。我们还约定，如果看到我发脾气，他可以自行避开，避免冲突升级。

第二种可能的情况是，孩子的表现不如家长的预期，家长有挫折感，因此和孩子产生冲突并有情绪上的爆发。

其实我们每个人的童年期都可能挺混乱的，只不过时间长了以后，我们已不太记得那些自己没有做好的地方了。我们关于童年的大多数回忆都来自父母，而父母会天然记住孩子做得好的地方，那些可以让父母感到骄傲的地方，而那些调皮捣蛋、表现不好的地方，可能被父母选择性地遗忘了。

经过多年的学校训练，随着大脑的不断发育，我们对自己的掌控也不断增强。我们成为成熟的大人，在自己的工作单位担负着一定的角色，执行着一定的职能。在工作中，我们必须遵守一个规则：不能够混乱。如果在工作上总是出错，如果不能够按照组织机构的要求或者上级的要求完成任务，那就说明我们的工作能力不行，就没有办法在职场上生存。

为人父母的我们，一方面由于历年所受的训练所塑造的行为习惯，另一方面由于自己的职业角色要求，也习惯了自己所发出的命令或者指令能够被保质保量、有效率地完成。这样一个充分磨合的、有效率的、能够完成预期要求的生态体系，是我们所习惯的日常。所以回到家以后，我们可能还没有意识到要做角色上的切换，这个时候我们所面对的不是自己的同事，也不是一个需要精确运行的组织机构，而是自己的家庭，是自己的孩子。

遥想 2004 年，我刚刚开始自己的教师生涯。作为一个学习了很多年并且在学习上还算成功的人，我对于如何教以及如何面对学生毫无经验。刚开始工作的时候，我所在的教学团队里有一位老教授，他是一位电子专业的教授，当时已经 70 多岁了。老教授当时对我分享的经验里面有一句话让我记忆犹新："对于学生，一定要增强自己的免疫力。"

所谓免疫力，就是要降低自己的预期，同时能够从学生的角度去考虑。当一个老师非常认真、辛苦地备课，非常认真地进行课堂教学的时候，他一定会预想所有的学生都会认真地听课，目不转睛地盯着黑板，积极认真地做着笔记。可实际在课堂上，注意力能够集中 15 分钟到 20 分钟就很了不起了。所以，站在讲堂上的老师就可以看到各种姿态的学生，甚至会看到很多学生在打哈欠、走神，或者偷偷做别的事情。经验丰富的老师通过各种方式吸引学生的注意力，或者调节课堂的气氛，或者友好地把学生从走神的状态拉回来。如果只是拿出老师的权威来批评学生，由此想让他们积极认真地听课，效果往往南辕北辙。

与之相类似，当我们每天拖着疲惫的身体回到家，自然希望看到孩子能够自觉、认真地完成作业，对于我们所要求的事情也能够不折不扣地完成。这是我们所习惯的，也是大脑默认的一种行为模式。如果看到孩子的行为与我们预想的不一样，我们的大脑就会发出警报，有时候我们的情绪就会爆发。

再深挖一下家长发脾气的深层心理机制。当然，这里的分析也有我自己非常主观的一面，有我对自己进行心理剖析的影子，希望抛砖引玉，启发大家深入思考，觉察自己的感知，并梳理出自己之前没有意识到的一些深层次的东西。

出生于80年代前后的很多家长，他们本身是独生子女，在成长过程中承载着比较多的来自家庭的期望。他们小的时候可能物质并不丰富，但是随着改革开放，社会发展越来越快，生活也越来越好。所以，这一代人基本上能够享有比较好的基础教育，并且很多人经历过大学阶段的教育。

由于受教育程度较高，再加上晚生晚育的趋势，他们生孩子的年龄相对比以前晚。虽然照顾小宝宝也很辛苦，但是以父母30岁出头的年龄，看到这样的小生命，心里自然非常开心，充满力量。等到孩子上了小学，父母往往也到了三十五六岁，有的到了40岁左右。这个时候，按照一般的发展情况，家庭的经济情况趋于稳定，社会地位也有了一定的基础，同时在单位里也是骨干或者中层领导角色了。我在之前介绍了马斯洛的需求层次理论，这个时候的很多家长已经实现了尊重的需求，开始寻求自我实现的需求了。

可现实情况是，做任何事情，要想取得成就都是要花费时间的。在任何领域，要想取得深入的研究成果，或者达到一定的高度，都需要投入大量的时间以及专注地学习。当我们正想挽起袖子，迈开大步，去追求理想中的更好的自己的时候，才发现被现实打了脸：除了每天的锅碗瓢盆、柴米油盐以及各种各样的琐事消耗着我们的时间，如果想让孩子在学校里保持和大部分人同样的节奏，我们就必须切切实实地拿出时间来陪伴他们、辅导他们、支持他们。

孩子们辛苦，要上各种各样的辅导班、兴趣班，但是父母们每天下班以后或者周末也要接接送送，陪孩子完成各种各样的课程。身体疲劳，时间被占用，能够留给自己的时间真的不多，因此很多父母对于孩子睡着了以后的那段时间特别珍惜，能够有一小段安静的时光刷刷手机、发发呆，做自我身心的调节，而如果想要有大段的时间用来精进自己的学业或者拓展自己的职业能力，那是非常困难的。

但是在我们的潜意识里，由于我们所受的教育，以及人类本性里要实现和发展自己的本能，会有一种声音不断地催促我们动身前行。可现实就是这么残酷，往前每走一步都不容易，所以，潜意识里的自我实现和孩子教育中的鸡毛蒜皮就成为一对矛盾。

做笃定的父母

在《正念父母心》这本书中，麦拉·卡巴金和乔·卡巴金夫妇说，正念是一种生存之道，而不是一种技术。培育正念没有唯一正确的方法，养育也没有唯一正确的方法。我们的孩子所进入的这个世界，比历史上任何时期都有着更加急速的变化，从很多方面来说，我们都不能也不会了解孩子的世界。

因此，我们能给孩子的最好的礼物，就是提供积极和健康的成长经验，这种经验可以滋养和支持更大的自我觉察，一种归属于更大整体的感受，以及一种能够被称为"自我效能"的感觉。只要我们的教导与爱、明晰和坚定相得益彰，只要我们胸襟开阔、心怀高远，并安驻于此刻，孩子们就更有可能以最理想、最健康和最有益的方式成为他们自己。

卡巴金夫妇认为，生活本身是我们的正念之师，孩子也是我们的正念之师。如果能敞开心扉，允许孩子自然发展，那么我们和孩子就会互相滋养，孩子会教给我们生活的功课，而我们可以更好地支持孩子的学习和生活。书中最让我感动的一句话是，"经由一些容易的时刻和一些困难的时刻，经由一些美好的时光和一些艰难的时光，我们和孩子共同学习和成长"。

在《正念父母心》这本书中，卡巴金夫妇以一个历史久远的故事开始了正念养育之路的探寻,这个故事的名字叫作《高文爵士和丑女》。据说这个故事来自古老的口头流传的亚瑟王和他的圆桌骑士的《宝剑和圆桌》,高文爵士是亚瑟王的侄子。

这个故事很长,感兴趣的读者可以找原文来看,我这里简述一下。亚瑟王被他的对手瓦德林骑士打败并施了魔咒,为了解除这个魔咒,亚瑟王必须在七天之内,也就是新年的第一天来临之前,找到"所有女人心中最渴望的是什么"这个问题的答案。如果他能够找到这个答案,就能够免于一死并且重获自由。

虽然心中满是羞耻和愤怒,但是别无选择的亚瑟王还是骑马出发去寻找答案了。在寻找的过程中,他询问了所有遇到的女人并认真记录了她们的答案,但这些都不是真正的谜底。新年第一天早晨,他怀着沉重的心情准备赴死,但在离骑士城堡不远的灌木丛中,遇到了一个妇人。

这个妇人的声音特别甜美,但是容貌极其丑陋。这个妇人知道亚瑟王在寻找什么,而且声称自己知道答案。作为交换条件,她要亚瑟王郑重起誓,答应满足她所提的任何要求。亚瑟王同意了,而他也获知了问题的答案,并因此赢得了自由。

这名丑陋的妇人名叫拉格妮尔,她要求亚瑟王让一名勇敢、礼貌而英俊的圆桌骑士娶自己为妻。这是一个难题,亚瑟王不愿意把这个任务分派给自己的骑士,而他的侄子高文出于对国王的忠诚,自愿与这个丑女人结婚。

在去树林里接回拉格妮尔的时候,其他的骑士都因厌恶而掉头离开，甚至有人出言不逊。但是高文却没有，他感觉在拉格妮尔可怜的傲慢和丑陋的模样里，似乎有某种东西触动了他。虽然拉格妮尔多次试图劝阻他，但高文坚定地执行了婚约。

婚礼在亚瑟王的城堡里举行，面对来宾震惊不已的奇怪眼光，高文仍然给予自己的新娘足够的尊重。到了夜晚，在只有他们两个人的时候，丑女人却突然变成了一个美丽的女子。原来这个女人被施了魔咒，与高文的婚姻让魔咒解除了一半，她每天可以有一半的时间以自己本来的美丽面貌出现。拉格妮尔问高文，是希望她白天以美丽的面貌出现，从而能够在宫廷里面对其他人，让高文能够有尊严，还是选择在夜晚和高文在一起的时候保持美丽。

高文一开始选择了夜晚的时候保持美丽的样貌，但是拉格妮尔哭了，抱怨说这个选择太自私，这个选择让她以丑陋的面貌面对王后和宫廷的其他人，很不公平。高文又选择了白天让她以美丽的面貌出现，而夜晚以丑陋的样子出现。"这才是一个爱人的回答"，拉格妮尔对此表示满意。

随后，高文说："无论怎样，承受更大痛苦的都是你，亲爱的，你自己选择吧，无论你选择什么，我都会满足的。"

拉格妮尔闻后喜极而泣，她说："你给我做出选择的自由，给我一条自己的路，给我自主权，那正是谜语的答案。你已经彻底地解除了那个魔咒，从此我不再受束缚，白天和黑夜都可以做真实的自己。"

这个故事所呈现的，正是正念养育的关键，通过尊重孩子的自主权，他们得以去完成两件事情：一是展现自己真实的面貌，二是找到自己的路。

关于找出自己的生活，并展现勇气去追寻自己的生活，在这里我还想分享另一个故事。这个故事来自约瑟夫·坎贝尔的《追随直觉之路》，非常巧的是，这个故事也和亚瑟王有关，故事的主要推动者也是他的侄子高文，故事的名字叫《圣杯的追寻》。

在一个历史性时刻，亚瑟王和他的骑士齐聚在大圆桌前。亚瑟王命令大家不准动食物，直到有人开始进行真正的冒险。

随后，圣杯出现了，不是以光芒万丈的本来样貌出现，而是被一块闪亮发光的大布盖住了。在显现以后，圣杯又消失了。在场的所有人都被震慑住了，充满敬畏地端坐着。而高文站起来说：“我提议大家一起盟誓出发去寻找圣杯，以见证圣杯的真面目。”

作者坎贝尔认为最有意思的是下面这段话：“他们认为集体行动很丢脸，于是一个个从自己选择的地点展开自己的森林大冒险。森林中伸手不见五指，前方既无路也无任何小径。"坎贝尔解释说，你要从最暗的角落进入森林，那里什么路都没有。有小路或小径的地方，那是别人专属的路径；而我们每个人都是一个独具特色的奇迹，我们要找出那条通往内心的真实而喜悦的专属小径。

着眼未来，立足当下

历史事件对于个人的影响，往往要到后来才能看得清楚。

1997年的一天，我在夜市吃炒面的时候，突然从广播里听到了邓小平去世的消息。同年的7月1日，我在电视里看到了香港回归的仪式。两个月以后，我走进大学的校门，成为一名大学生。

1999年开始，大学开始了扩招之路。随后大学本科生就不再是人们眼中的"天之骄子"，而大学毕业找工作就成了一个重要的主题。2022年，1000万名大四学生中，有500万左右选择了考研。大学扩招，让更多人有了接受高等教育机会的同时，也在就业和后续发展环节造成了激烈的竞争。

2001年，大学毕业的我，拿到了英国的学生签证。正要准备出发去英国读书的时候，一个傍晚，我在电视新闻里看到美国世贸双子塔被飞机撞毁，顿时目瞪口呆。

2001年9月，我到达英国利物浦大学。开学的第一天，老师介绍说我们在座的40多名研究生来自三个不同的专业，这三个专业在全球共有1400多名申请者。班里确实有一些中国同学，但是总数不多。

到了2002年，来到英国读书的学生开始增加。究其原因，是美国自"9·11"事件以后收紧了留学生签证，大批原本计划前往美国的学生只好改变了计划，而英国张开了欢迎的臂膀。

在我出国读书的时候，IT界的工作还是很好的职业，我的硕士同学中就有已有工作经验的人，之前在上海每个月的工资就已经达到五六千元（2001年以前）。等到2002年我们将要毕业时，才发现IT行业泡沫破灭，进入低谷期。

所以当我开始在大学里工作，面对家长问哪个专业最好的时候，往往不知道怎么回答。因为拉长一个时期看，每个行业都在经历着上上下下的波动，而我们更加不能预判和把握的，就是那些影响深远的"黑天鹅"或者"灰犀牛"事件。借助互联网的威力，全球更加紧密地结合为一个整体，亚马孙雨林里的一只蝴蝶扇了一下翅膀，可能两周后就会在美国得克萨斯州形成一场龙卷风。

如果从悲观的角度看，社会上的很多职业正在消失，人工智能和计算机技术正在不断地提升工作效率，劳动密集型的工作会越来越少。在新型的工厂里，寥寥数人就可以让整个工厂运行起来。人们足不出户，几乎可以完成所有的工作。

如果从乐观的角度看，机器和人工智能将会大大地将人类从烦琐和重复的事务中解放出来，人们可自由支配的时间将会更多。在移动互联和万物互联的时代，任何一个人都可以和世界另一端的人互动和协作。未来，财富不再主要来自土地、矿产、商品制造等，而是更多地来自人们大脑中的创意、设计、知识、经验。随着人类社会的发展，在特定的时期，总会有很多职业消失，但同时也有很多职业被创造出来。

教育就是一件着眼于未来的事情，但是最重要的是立足当下，把握当前所能把握的事情，帮助孩子为未来做好准备。

如果孩子具备积极的信念，就不惧怕困难和变化；有了家长的爱和关注从而建立的安全感，孩子就会敢于冒险去闯出一番新天地；有了信心、能力和兴趣，孩子就不怕新事物，能够快速学习、终身学习，不断适应发展的需求。

第八章
帮助孩子学会应对压力

我之前从来没有意识到父母其实拥有巨大的权力,可以对子女拥有绝对的控制权。他们可以爱孩子也可以抛弃孩子,可以宠爱他们也可以虐待他们。你能拥有怎样的父母,就像买彩票一样,得看走不走运。

——《蛤蟆先生去看心理医生》中蛤蟆对苍鹭医生说的话

在本书的初稿中，我本来没有写下面这个故事，但在即将向出版社交稿的时候，我想了又想，觉得还是把这个故事说出来。

曾经有一段时间，我因为工作和心理压力非常大，加上身体极度疲劳，身上长了非常严重的荨麻疹。吃西药可以改善症状，但是造成每天非常昏沉；吃了一段时间的中药，有一些效果，但是每天仍然发作，苦不堪言。

为了能够休息一下，我在周末的时候去一个熟识的寺庙里住了两天，每天和师傅们一起在斋堂吃饭，晚上和熟识的师傅们品茶聊天，非常轻松惬意。神奇的是，这样只住了两天，荨麻疹的症状就大大缓解了。

我住在寺庙的时候，师傅们问我会不会闷，我说不会，因为我在写一本有关亲子教育的书，希望这本书能够对其他为人父母者缓解焦虑有所帮助。在聊天的时候，师傅们说地藏王大殿里有两家人正在做法事，都是孩子自寻短见，法事要做七七四十九天。

随后的一天，一位师傅通过微信问我，愿不愿意和一个人见面聊聊，这个人就是目前在做法事的其中一位家长。我的第一反应是不愿意见，因为单就听到这样令人悲痛的事情，我的心里就已经很难受了。但是这位师傅说，这位家长知道我在写书，也愿意和我说一说，如果可以放在书里，也许能够警醒更多人。

因此我鼓起勇气去见了这位悲恸欲绝的家长，她哭着给我讲了孩子的情况，包括家庭的状况，孩子抑郁症的状况，如何治疗的，以及最后的悲剧是如何发生的。这位家长充满自责，总是说如果当时这样做或者那样做就好了，而我也不知道如何开口安慰，这个时候任何语言都是苍白无力的。

具体信息不便多说，但是这件事对我的触动很大。如果说我们一定要从这件事中吸取教训，就是不管孩子出了什么样的状况，我们都要先接纳这个状况、接纳孩子，然后全心全意地帮助孩子一起来对抗。陷入抑郁的孩子是可怜无助的，此时唯一的支撑就是父母。如果可以用所拥有的一切来换回这个逝去的孩子，我想任何父母都是愿意的。如果是这样，那么还有什么执念放不下呢？苏轼在《观潮》一诗中说：

庐山烟雨浙江潮，未至千般恨不消。
到得还来别无事，庐山烟雨浙江潮。

小孩子就没有压力吗？

压力可以发展为焦虑，焦虑可以发展为抑郁，这是一条有迹可循的路径，不可不察。

从本书的这个章节开始，我们将会一起学习心理学上的一个重要领域：动机和情绪。在这个领域中，我们要特别关注孩子压力的问题。压力对于成人来说是一个高频词汇，但是对于孩子也有压力这一事实，可能很多人会忽略掉。特别是对于年龄小的孩子来说，大人们可能完全意识不到小家伙其实也是会有压力的。

压力本身不是问题，对于压力没有认知，完全不了解，以及不知道如何应对才是问题。虽然我有意识地回避看到的负面消息，但是在朋友圈的消息里或者新闻推送中，还是会经常看到未成年人自杀的新闻。当然，这样极端的事情并不是每天都在发生，更常见的是孩子们经过了小学和中学阶段的拼搏，到了大学突然开始放弃学习。

中科院心理研究所和社会科学出版社联合发布的 2020 版《心理健康蓝皮书》一书中，"2009 年和 2020 年青少年心理健康状况的年际演变"显示，十余年间，青少年的心理健康状况稳中有降。抑郁的检出率保持平稳，但睡眠不足现象日趋严重。数据显示，2020 年青少年的抑郁检出率为 24.6%，其中，轻度抑郁的检出率为 17.2%，高出 2009 年 0.4 个百分点；重度抑郁的检出率为 7.4%，与 2009 年保持一致。令人惊讶的是，在男生和女生的对比数据中，女生有抑郁倾向的比例为 18.9%，男生为 15.8%，女生比男生高出了 3.1 个百分点。女生的重度抑郁比例为 9%，而男生为 5.7%，女生比男生高出了 3.3 个百分点。

非独生子女青少年的抑郁倾向比例为 17.3%，与独生子女相当。但是重度抑郁的非独生子女群体所占比例为 7.7%，比独生子女群体高出了 1.4 个百分点。这个数据提醒我们，有两个或两个以上孩子的家庭，更要关注孩子的情绪和心理健康。

纵向来看，随着年龄的增长、年级的增加，孩子罹患抑郁症的比例也在上升。小学阶段的抑郁检出率为 10% 左右，其中重度抑郁检出率为 1.9%~3.3%。初中阶段的抑郁检出率达 30%，其中重度抑郁检出率约为 7.6%~8.6%。到了高中阶段，抑郁检出率更是升高到 40%，也就是 10 个孩子里面竟然会有 4 个孩子检出抑郁，而其中重度抑郁检出率为 10.9%~12.5%。进一步统计分析发现，抑郁的平均水平在小学到高中的整个阶段呈阶段式发展，也就是说小学阶段基本一致，没有显著差异，但是到了初一、初二抑郁平均水平显著提升，到了初三和高中阶段再一次显著提升，而高中的三年之间没有显著差异。

仔细分析以上数据就会发现，抑郁水平的提升刚好和孩子的学习发展阶段相吻合。初中和小学是一个分水岭，到了初中，学业任务更重。初三的时候面临中考，这是孩子们人生中第一次重大的分流考试，考得好，可以上普通高中，进而获得进入大学的机会；考得不好，可能会被分流到职业高中，或者从此离开学校，步入社会。而高中学生因为有高考的压力，抑郁水平得分是整组数据中最高的，其抑郁得分在高一是 8.29 分，在高二是 8.54 分，而在小学阶段是 3.85~4.44 分，初一、初二分别是 6.41 分和 6.56 分，初三飙升到 7.07 分。

当我们面对某一个孩子的时候，我们不能够得出一个可信的结论。但是来自大面积样本的调研数据足以使我们警醒，对于孩子心理健康问题必须给予足够的关注。幸运的是，在该调研中，随着受访群体年龄的增长，抑郁水平开始降低，这充分说明青少年心理健康问题较为多发，需要重视。

孩子的压力源

在压力模型里，我们首先要识别压力源，然后采用积极的因素来调节，并最终影响我们应对压力的行为。

很多人不理解，说现在我们的生活这么好，孩子们还有什么需求没有被满足，为什么那么脆弱？玛德琳·勒文（Madeline Levine）在其 2006 年出版的著作《特权的代价》一书中说，在美国家境富足的儿童和青少年中，焦虑、情绪困扰和化学品滥用等心理健康问题尤其高发，其原因可能是这些孩子在学业表现上承受了更大的压力，但父母的支持更少。

在本书前面的内容里面，我们介绍了压力形成的生理机制。对于压力的研究有不同的方向，例如塞利博士主要研究压力发生的过程，还有的研究主要侧重于分析压力的来源，如人类压力研究中心（CSHS）的索尼娅·卢比安所提出来的 NUTS 四种类别：你之前没有经历过的事情，你无法预料会发生的事情，可以让你感觉你作为一个人的能力会被质疑的事情，你感觉对于当前事态失去了控制或者只有很少的一点控制的事情。

如果从这四个角度出发，我们很容易会发现，孩子们其实一直处在压力事件中。

从幼儿园跨入小学，随着升学又不断地进入新的学校，不可否认，到了一个新的环境中，总是有着新奇感和兴奋感的。但是新的环境也会让人产生压力。回想一下我们自己的情况，在换了一个工作单位或者到了一个新的环境里，是不是也会有紧张的感觉？更不用说孩子在学习过程中总是不断地学习新的内容。孩子在学习过程中可能还会面临自己熟悉的老师调换到了其他年级，从而在一所学校的学习过程中面临不断更换老师的情况。对于孩子来说，这些都会产生压力。

孩子在成长过程中是会经历很多事情的，这其中大部分事情对于他们来说都超出了认知和经验范畴。这是成长的必经之路，我们都要通过"经历事情"来获得经验。但是这个过程可能会产生很多压力。有的孩子能够表达出自己的压力，有的孩子可能不会，只会默默地把一切都装在心里。

对自我的威胁，在学校生活中可能更多地体现为来自师长和同学的评价。"被考核"和"被评价"是一个主要的压力源,只要我们处在被考核和被评价的情况下,我们就会不由自主地紧张。我还清晰地记得,自己在硕士阶段考完最后一门课,刚走出考场时暗自发誓,今后再也不要考试了。

最后一个是控制感,大部分孩子在生活中的自主权可能都不大,他们的一天基本上都是被安排好的,上什么课,哪个老师上,做什么作业,回家的活动是什么,基本上自己做不了主。孩子小的时候不明显,但是孩子大了以后,如果一直缺乏掌控感,就会一直处于慢性压力下。

值得一提的是,生活中的很多事情都会产生压力感,包括那些大家感觉是"好事"的事情。研究表明,考上大学和大学毕业都会让人产生较大的压力感,因为这些事情本身就代表着生活的重大变化以及未来的不确定。家长们的压力源,不也来自对孩子未来的不确定性吗?况且这种不确定性还是我们所无法把握的。

正确认识并高度重视睡眠

2020版《心理健康蓝皮书》还揭示了另一个问题,就是孩子们睡眠不足。《健康中国行动(2019—2030)》中倡导小学生、初中生和高中生每天睡眠时间分别不少于10、9和8个小时。《心理健康蓝皮书》中分学段的分析发现,小学生平均睡眠时长为8.7个小时,初中生为7.6个小时,高中生为7.2个小时;95.5%的小学生睡眠时间不足 10 小时，90.8% 的初中生睡眠时间不足 9 小时，84.1% 的高中生睡眠时间不足 8 小时。

我对于小学阶段的情况比较熟悉。我们家离学校比较近，孩子每天早上 7 点起床就能按时到校。如果要睡够 10 个小时，那么晚上 9 点就要睡着了。对于每天上学可能需要家长开车接送的孩子来说，考虑到堵车等情况，可能每天早上 6 点甚至更早就要起床了。

对比 2009 年的数据，各个学段青少年的睡眠时长都呈现下降趋势，而且这一趋势随着孩子年级的升高呈现增大的趋势。例如，初三学生 2009 年末的平均睡眠时间是 9.6 小时，而 2019 年是 7.20 小时；高三学生 2009 年末的平均睡眠时间是 9.4 小时，而 2019 年是 6.48 小时。

国外的研究也揭示了同样的变化。20 世纪初，美国成年人每晚都能睡 9 个小时甚至更长时间，但是随着科技和电力的普及，现在美国成年人的平均睡眠时间是 7 个小时。我想，在本书的读者里面，也不乏在半夜 12 点后还在刷手机的人。2015 年，凯斯（Keyes）等人在有关美国青少年睡眠模式的研究中发现，15 岁及以上的青少年中，超过 50% 每晚睡眠时间少于 7 个小时，而常规的建议量是 8～10 个小时，学生的睡眠量在十四五岁的时候开始变得严重不足。

威廉·斯蒂克斯鲁德和奈德·约翰逊认为"睡眠可以优化大脑和身体的机能。如果没有睡眠，人就会陷入恶性循环。因为睡眠不足，你的控制感就会减弱，而你越累，就越难爬上床去睡觉"。如今，人们更容易陷入电子设备的使用，而抑制自己沉迷于上网和玩手机的能力就会逐渐消失。同时，睡眠不足也会助长坏习惯。"睡眠不足→疲劳→焦虑→睡眠不足"是一个很难打破的怪圈。睡眠对我们人类特别重要，如果睡眠不足，那么压力感就会上升。

2021年3月《钱江晚报》的一篇文章——《21点前睡觉！浙江一小学推出睡眠令，20多天后效果神了》，让我读了以后不禁为这个学校击掌叫好。

据文章介绍，绍兴诸暨市实验小学教育集团向全体师生发出了一道"睡眠令"。这个教育集团下属有3所小学，而这个教育集团共有6000多名学生。要想让孩子们早点睡，家长和孩子们首先要面对的问题是家庭作业过多的问题。为此，这道"睡眠令"首先要求教师严格控制作业量，保证每个孩子能够在晚上8点前完成所有作业。同时鼓励孩子每天有30分钟的自主阅读和运动时间，这样就能保证在晚上9点之前睡觉，从而确保睡眠总时长达到10个小时。除了给教师下达配套的"家作令"，该教育集团还从严格控制作业总量、提升作业质量、倡导作业分层三个方面给教师提出了更高的要求。从家长角度而言特别好的一点是，该文件还明确要求教师不得给家长布置或者变相布置作业，不得要求家长检查和批改作业。

在具体操作层面，孩子们要签署一份"睡眠令"承诺书，具体的内容包括：

1. 不把课堂作业带回家，当堂任务当堂完成，不挤占家庭作业时间。

2. 放学回家后，第一时间完成作业，不贪玩，不拖拉，不玩网络游戏，不做与学习无关的事情，专心致志完成作业。

3. 学会合理安排自己的业余时间，完成作业后，自觉开展体育锻炼、自主阅读等。

4. 临睡前，整理好第二天的学习、生活用品。

5. 每天晚上 9 点前关灯，一个人独立睡觉，不吵不闹、安静入睡。

"睡眠令"也对于家长如何做进行了说明和指导，鼓励家长合理安排家庭生活与作息，做好孩子的榜样，为孩子营造良好的环境。特别值得肯定的一点是，"睡眠令"也明确了，如果学生无法按时完成作业，家长可以主动与老师商量，个别化调整学生的作业难度与数量；实在无法按时完成的，家长有权允许孩子暂时不做。

"睡眠令"实施了一段时间以后，根据学校的调研结果，9 点前入睡的学生人数大幅增加，家长反响比较好，甚至全家作息习惯都得到了很大的改善。有的家庭的孩子从之前的每天早上需要家长一遍一遍地叫，改为孩子每天早上到父母卧室催家长起床。孩子早上也没有"起床气"了，家长也不用烦心了。

当不再追求数量以后，家庭作业也变得新颖有趣了。有的班级的学生甚至可以根据不同的情况在教师给出的分层作业清单里选择不同数量和难度的作业。根据教师们的观察，作业有吸引力，学生就会更专注地完成，从而提高学习效率。"睡眠令"的实施，倒逼教师提高了教学效率和教学质量。

当孩子们在课堂上不能够专心听讲的时候，教师给予他们的评判往往是"学习态度不端正",但很多时候,孩子们不能集中注意力另有原因,睡眠不足就是其中之一。

压力是焦虑的根源

威廉·斯蒂克斯鲁德和奈德·约翰逊在其著作《自驱型成长:如何科学有效培养孩子的自律》一书中谈到了严重或慢性的压力,对于发育中的大脑具有非常负面的影响,造成了全球流行的情绪问题,如焦虑和抑郁。另外,过低的控制感,是人类压力感的一个重要来源。培养或者增强控制感,可以建立健康的自我激励,同时带来积极的结果,包括更高的身心健康水平、更充盈的内部动机、更优异的学业成绩和更高水平的职业成功。他们认为,压力对儿童的行为表现和心理健康都有负面作用。

我们需要引导孩子保持健康的自我激励水平,也就是说要达到威廉·斯蒂克斯鲁德和奈德·约翰逊所说的"这个水平应该恰恰介于过度追求完美主义和'我要回去打游戏'之间"。

总的来说,我们要警惕的是慢性压力。在长期的压力之下,如果缺少恢复,人们会产生焦虑感、无力感和行为问题。焦虑促使杏仁核变大,而变大的杏仁核对于压力更加敏感,从而对压力产生过度反应。慢性压力也会让多巴胺水平降低,从而更容易使焦虑转变为抑郁。

增强可控感可以有效减少压力

控制感是应对压力的良方。威廉·斯蒂克斯鲁德和奈德·约翰逊认为所谓压力都来自我们未知的、嫌弃的和惧怕的事物。他们在书中介绍了以老鼠为对象的压力实验。实验中的老鼠在电击环境中可以接触到一个轮子，只要老鼠转动这个轮子就可以停止电击，因此老鼠学会了转轮子，并且也没什么压力。当轮子被拿走后，老鼠就会承受巨大的压力。再把轮子重新放回笼子，但是这次轮子和电击开关之间就没有联系了，虽然轮子没有连接到电击设备上，但是老鼠的压力水平也会低得多。

克里斯托弗·米勒（Christopher Mele）在《按下那个十字按钮可能会让你感觉好一些，但是……》一文中介绍了几个有关控制感与压力的心理学实验。这篇文章发表在《纽约时报》上。

米勒在文章中介绍说，人们的习惯是看到按钮就会按下去，因为人们知道按了按钮以后就会有某种结果发生，例如按门铃以后有人开门，按电话键可以拨通电话，按自动售卖机的按钮可以买东西，按计算器的按键可以得到计算结果。但是生活中人们很习惯使用的一些按钮其实只是"安慰剂"，并不起作用。

米勒介绍了几个实际的案例，其中的一个就是电梯里的关门按钮。据美国电梯工业贸易集团执行主席介绍，1990年颁布的《美国残疾人法案》规定了电梯门必须开放足够的时间，以保证任何人包括残疾人有足够的时间能够进入电梯。所以自那时起，所有电梯里的关门按钮对于普通使用者来说都是失效的，只有消防人员和维修人员才有途径可以使用关门键。对于平时乘坐电梯的人来说，其实按不按关门键，电梯的关门时间都一样，并不会变得更快。

第二个例子是关于过街按钮的。熟悉国外情况的读者可能知道，在某些国家，马路两侧红绿灯的杆子上装着一个按钮。按了这个按钮以后，过街的方向会显示绿灯，而马路上的汽车行驶方向变为红灯。大家都习惯了过街前按一下这个按钮，然后等待绿灯出现以后过马路。但是据 2004 年《纽约时报》报道，纽约的约 3250 个过街按钮中的 2500 多个都已经失效了，因为城市采用了更为智能的计算机控制系统，但是人们还会习惯性地按这些按钮。

第三个例子是关于温度的。就像夫妻二人对于温度的感受是不一样的，在办公场合，大家也经常为了冷热的不同感受而产生分歧。所以，空调恒温温度控制器成为一个解决方案，它让我们感觉到我们可以控制温度，其实不然。但这个温度控制器解决了人们对于温度的感觉差异问题，并减少了 75% 的服务呼叫。

尽管以上这些按钮其实都不管用，但是它们的存在对于我们的心理健康非常重要。哈佛大学心理学教授埃伦·兰格（Ellen J. Langer）解释说，"可以感受到的控制是非常重要的，可以减少压力感并增强幸福感"。

费城德雷塞尔大学心理学教授约翰·库尼奥斯（John Kounios）也说，就像在上述电梯关门按钮的例子中，这些失效按钮的存在是一种善意的谎言，是无害的，因为控制感的缺失会导致情绪低落，所以这些失效按钮也是一种有益的治疗手段。

我职业生涯的开始是在北京，每天早上从明光桥坐公交车到五道口上班，高峰期公交车都要被五道口的火车阻挡一会儿，然后到了清华科技园的公交车站下来，还要小跑一会儿到办公楼。上班高峰期，大家等电梯都要等很久。经过了公交车的拥挤、堵车以后，赶着上班害怕迟到的焦躁心情相信很多人都不陌生。我也确实在电梯里观察过，虽然电梯显示了具体运行到了哪个楼层，而且向上的按钮也已经被点亮，可是着急的人还是会去按按钮，好像这么一来电梯就能快点到来似的。

在生活中我们可以学着给孩子更多的控制感，包括在一些安全的事务上让他们自己说了算。如果家长和孩子在一些事情上的想法和计划不一样，而这件事本身是既可以这样也可以那样的，不妨尽量让孩子自己做决定。比如就威廉·斯蒂克斯鲁德和奈德·约翰逊在书中举的例子，如果想让一个挑食的孩子吃蔬菜，最好的办法就是把餐盘一分为二，然后让孩子选择要吃哪一半。

我们家小儿子上小学一年级的时候，有一天面对语文作业说什么也不肯动笔。我仔细看了一下，发现这是一张 A4 纸打印的作业，上面共有 5 行，每行有 5 道拼音题。题目是一幅小画，要孩子根据画的内容说出名称，并且以拼音的方式书写出来。这是孩子第一次接触这样的题目，他肯定感到有些难度，而且看到一张纸密密麻麻的题目，感觉不可能做完的样子，没有信心，估计心理压力比较大。

人在碰到压力的时候往往有三种做法：战斗，逃跑，愣住。这三种模式来源于我们祖先在漫长的进化过程中所形成的行为模式。

当孩子不愿意做作业的时候，如果家长一味地唠叨，讲大道理，或者大吼大叫吓唬孩子，效果往往适得其反，因为这个时候孩子采用的是逃跑或者愣住模式。逃跑模式是我们祖先遇到猛兽时候的行为。在当代，我们的压力当然不是来自猛兽，而是来自各种生活中的事件，因此逃跑模式往往变身为各种各样的消极行为，如磨蹭、拖延、消极怠工。如果再进一步恐吓孩子，那么他们往往人在原地，貌似在听，其实已经采用了愣住模式，以保护自己幼小的心智。这和我们祖先在猛兽面前装死是一样的。

所以在孩子不愿意开始做作业，甚至连题目也不愿意读，不愿意听大人唠唆的情况下，不妨跟孩子说"咱们来玩个游戏"。他可以通过把手里的铅笔随意转圈，铅笔尖指到哪个图画，就做哪一道题。孩子一听就来了精神，开始玩了起来，不知不觉就把25道题做完了一半。通过做题，他对作业本身有了认知，也逐步建立了信心。看着题目越来越少，他自己的劲头越来越足，最后顺利地完成了整份作业。

从以上的例子中大家可以仔细体会一下心理学知识的价值。当我们了解到掌控感或者说可控感可以降低压力的时候，就可以通过有效的方法来实现它。如果摆在面前的25道题就像一头猛兽一样把孩子吓住了，那么我们就让孩子有选择的机会，让孩子觉得自己可以控制局面，从而让孩子克服压力，勇敢地迈出第一步。

既然心理学实验已经证明了增强可控感可以减少压力，如果我们可以让孩子自己做决定，自己决定如何学习，自己决定如何做作业，那么孩子应该更快乐，压力更小，长大以后也就能够更好地主导自己的生活。听起来是不是很好？但是生活中很少有家长敢这样做。《自驱型成长：如何科学有效培养孩子的自律》一书中给出了四种误导家长的错误观念。

第一种错误观念是基于对成功的稀缺性假设，认为通过成功的途径是一座独木桥，而被挤下独木桥的风险实在是太大了，不能冒险。如果让孩子自己做主，赌注过高，孩子和家庭都输不起。第二种错误观念是如果你想拥有好生活，就得在学校就有上佳的表现，并且从输赢的角度看待学习和生活，过于强调竞争。第三种错误观念是催得越紧逼得越狠，孩子越能成功，长大后越有出息，想想"虎妈"受欢迎的程度。第四种错误观念是今天的世界比以往凶险得多，家长要一直紧盯着孩子才能确保他们的安全，也能避免孩子闯祸。

虽然大多数父母都在理性思考的时候认识到上述观念是不对的，但是当大家都感受到来自社会、他人、学校和其他家长的压力的时候，那种害怕自己的孩子落后并丧失今后的更好的学习资源和机会的恐惧就会让他们产生巨大的压力，而恐惧本身也不会令人做出更高明的选择。

"最近发展区"理论与"支架父母"

除了之前介绍的几种养育方式，例如权威型、专断型、放任型和忽视型等，还有一种值得鼓励和提倡的行为方式，叫作"支架父母"。

什么叫作"支架父母"呢？请大家想象建筑工地上建造楼房的情形。当地基已经打好，开始建设地面上的楼层的时候，每盖一层楼都在相应的楼层搭上脚手架，再在脚手架上面铺盖踏板，为作业的工人形成支架。楼房盖到第几层，脚手架就搭到第几层。等到楼房盖好的时候，脚手架就会被撤掉。

"支架父母"是我根据维果斯基的"最近发展区"理论提出的。维果斯基用"最近发展区"的概念来说明教学和儿童发展的关系，他认为教学必须考虑儿童已达到的水平，并要走在儿童发展的前面。在确定儿童发展水平及其教学的时候，必须考虑儿童的两种发展水平：一种是儿童现有的发展水平，另一种是在有成人指导的情况下，儿童借助成人的帮助可以达到的水平。这两者之间的差距就叫作"最近发展区"。

我个人对于"最近发展区"的理解：它是指一个过渡区域，在大人的帮助下，孩子可以跨越这个过渡区域，从而到达下一个发展水平。这里有几个要点。

首先，父母要给孩子提供支持。这种支持不是越俎代庖，不是事事都替孩子做，事事都帮孩子做决定。如果这样做了，就不是"支架父母"，而是"直升机父母"或者"冰壶父母"了。给孩子的支持要体现在心理支持上，让孩子感受到父母一贯坚定的爱和鼓励，同时将自己的知识和想法分享给孩子，帮助孩子通过解决问题而获得能力的提升。

其次,"最近发展区"强调的是"发展",从一个水平到一个更高的水平。在这个过程中,就包含着孩子潜能的不断开发和释放。通过不断跨越"最近发展区",孩子的能力就能够不断地增强,孩子就能够不断地成长。

最后,"最近发展区"还要着眼于"最近",因此就不能够拔苗助长,需要小步快跑。如果下一个水平的目标设置得过高,那么可能由于难度过大而使得孩子产生畏难的情绪,不易于产生和保持学习的兴趣。

其实"最近发展区"的概念应用也可以从游戏设计里面看到,有关这部分的内容我们留到本书最后一章有关激发学习动机的部分再讨论。

构建良性亲子关系

和凡事都要让孩子听自己的推动型父母相比较,我们鼓励大家成为顾问型父母。

《蛤蟆先生去看心理医生》一书中介绍了一种"儿童自我状态",这种状态是由我们童年的经历所构建的,包括我们小时候体验过的所有感情。孩子刚出生的时候,都具备"快乐""深情""愤怒""悲伤""恐惧"这几种基本情感。随着年龄的增加,这些基本情感逐渐发展演变成为更微妙和更复杂的行为模式,而这些行为模式就是自我的核心，融为自身的一部分，定义了我们一生的行为。正如我们在前文有关大脑神经元链路、海马体和杏仁核那一部分所介绍的，过去的行为模式会在相似的情境下重复出现。不难理解，基本情感形成行为模式，而行为模式会被某些特定的情形和场景所激发，让我们做出自动的反应。

我们应该尽量避免掌控甚至全面掌控孩子的生活和学习；相反，我们要在爱与关注之下，通过各种方法培养孩子的兴趣、信心和能力，以期让孩子产生自己的内在动机。如果事事都由父母决定和安排，甚至父母在做这些决定的时候全然不顾及孩子的感受，那么孩子就一定会为了适应这种形式而构建自己的应对行为模式，这在蛤蟆的故事里被称为"适应型儿童"。

得了抑郁症的蛤蟆，本来出生在一个富裕和有地位的家庭，爷爷和爸爸经营一家酿酒厂，而外公毕业于名牌大学，是受人尊重的主教。但问题是，幼年的蛤蟆生活在一个缺乏爱和快乐的环境中，父亲严厉而正直，经常训斥蛤蟆，总是批评和责备他，而母亲唯父亲是从，从来不敢给予蛤蟆所期待的慈爱，甚至很少拥抱他。

在被强大的父母或者"仁慈的独裁者"完全掌控的情况下，幼小的蛤蟆只能学着去适应和顺从，甚至讨好父母，抵御来自父母的"愤怒"和"攻击"。这些经历给蛤蟆带来了悲伤和不快的情绪，这些情绪逐渐积累成愤怒。但是在父亲的权威之下，他的愤怒无从发泄，甚至他享有的一切都是父母留给他的，他无处可去。他只能对自己的愤怒产生一种内疚，于是学会了"不带攻击性地发火"，也就是避免给他人造成伤害，但是用一种缓慢的方式来释放愤怒，如撒泼耍性子、无理取闹、怄气等。在心理咨询师苍鹭所画出来的有关儿童如何释放愤怒的解释里，强度从弱到强，分别为退缩、厌烦、拖延、郁闷、任性、怄气、撒泼和叛逆。这些从童年发展出来的行为机制，也就是"适应型儿童"的行为模式，是童年的保护机制，用来保护孩子免于受到伤害，同时也会无意识地成为他们成年以后的行为模式。

心理咨询师苍鹭还介绍了"父母自我状态"，当表现为"父母自我状态"时，我们表现得正如自己的父母。"父母自我状态"包含我们从父母那里学到的所有的价值观和道德观，以及对生活的评判标准。父母的言行不但塑造孩子的童年生活，也对孩子的成年生活产生了巨大影响。

"父母自我状态"中的一种是"挑剔型父母"，例如故事中蛤蟆的父母以及老獾，他们总是批评蛤蟆。挑剔型父母常常批评人，容易愤怒，表现得很严厉。不幸的是，蛤蟆自己身上同时具备"挑剔型父母"状态和"适应型儿童"状态，他不断地批评、审判、谴责自己，他不爱自己，也不快乐。

"儿童自我状态"和"父母自我状态"都是我们人类进化过程中形成的机制。"儿童自我状态"让我们能够体验童年的感受和情绪，"父母自我状态"让我们能够用言行来重复从父母那里学到的观念。这两种状态可以让我们的行为模式自动地出现，也就是说我们会"选择"情绪，就像一个演员，随时可以进入角色的状态，这也是大脑在特定情境中的自动反应，与条件反射的原理一样。

只有处在"成人状态"，我们才具备计划、考虑、决定和行动的能力，理性和合理地处事，才能够思考当下。《蛤蟆先生去看心理医生》中的这个观点，和我们之前在第七章介绍的"执行控制系统"很像。只有自己为自己负起责任，才能跳出不成熟的儿童状态和喜欢挑剔教育人的父母状态。

如果我们可以认识到我们作为父母的行为可以深刻地塑造孩子的童年，并塑造他们成年以后的"适应型儿童"状态，以及孩子会学习和继承我们的价值观和行为模式，从而构成他们自身的"父母自我状态"，那么构建积极的、良性的亲子关系，就是不需要赘言的事情了。

第九章

如何应对手机等电子设备

当你走进一家购物中心时,发现一群孩子挤在一起,全神贯注地盯着电子设备——是各自的,而不是他人的。虽然他们之间的距离看起来非常接近,但事实上却非常遥远。

——玛丽·艾肯《网络心理学——隐藏在现象背后的行为设计真相》

手机的使用

玛丽·艾肯在《网络心理学——隐藏在现象背后的行为设计真相》一书中说，我们所经历的时代是人类历史上一段动荡不安的、独特的时期。也许，这个时代的变迁、变化和破坏永远无法复制。与启蒙运动一样，网络也给世界上的几十亿人带来了新的自由，这些自由令人兴奋、激动，充满了诱惑。

网络效应的作用下，人们的行为常常被放大，例如利他主义的放大使人们在网络上更加慷慨，所以我们看到了众筹活动的快速增长；在线抑制效应让人们在网络上的胆子更大，约束感减少，判断力受到影响，从而在网络匿名性之下更容易进行在线联合。

在本书中我要特别说一说有关使用手机的问题。并不是说不让孩子使用手机，而是说我们作为成年人要管控好自己对手机的使用。我们先从大人使用手机的问题讲起。在我看来，手机除了可以帮助我们非常方便地完成工作以外，也会产生很多负面影响。

我们往往要求孩子们多读书，要孩子们专心学习，不要分心去看电视，去打游戏，去玩iPad、手机等。但是我们自己是否可以做到？如果提出这样要求的大人们自己每天在孩子们面前抱着手机不放，那么可以想象一下，孩子们接收到的到底是怎样的信息和暗示？看到大人们津津有味地痴迷于不断刷手机的样子，孩子们一定会感觉刷手机是一件很有意思的事情。况且与刷手机相比，读书和学习需要更多的心力和能量的投入，这本身就是一件很费力的事情。人的本性都是会选择容易的事情而回避困难的事情，所以玩手机刷视频的家长，大概率也会养出喜欢玩手机刷视频的孩子。

我曾经在电影上看到一些场景，一些学习有困难的孩子，或者一些非常积极上进的孩子，放学回家打开家门，发现大人围成一圈打麻将。家里面乌烟瘴气、杂乱不堪、吵吵嚷嚷，而家长看到孩子回来以后的第一句话是："回来啦，赶快去学习！"

我也喜欢观察在游乐场里家长和孩子之间的互动模式。有一个场景令我印象深刻，那是每个城市都能看到的那种游乐场，这个游乐场里有沙坑可供小孩子玩耍。有一次，我看到一个年轻的妈妈带着两三岁的儿子在沙子里面玩耍。妈妈搬了一个小凳子坐在孩子的旁边。孩子在玩沙的时候，妈妈的眼睛一眨一眨的，一直盯着手机屏幕。很长一段时间内，妈妈一个字都没有跟孩子讲过。

陪伴孩子做游戏，本该是一个非常好的进行语言交流和情感交流的机会，但是手机剥夺了孩子们本该享有的和爸爸妈妈交流的机会。孩子在很小的时候，学习能力是非常强的。所以只顾看手机的家长，也错过了孩子快速学习的良机。

孩子们都是从上一代人那里进行学习的。这就是我们对于人类社会已有的知识和经验的继承。同时，每一代人也不会完全听从上一代人的话，因为每一代人都还肩负着发展新的知识和新的事物的使命。继承和发展，是我们一生中不可回避的两个主题。我们每一代人都从上一代人那里学习到已有的知识和经验，并把它传递给下一代。教育孩子并不只是学校的责任。家庭是孩子最重要的学习场所，父母是孩子最重要的老师。

诚然，现在很多父母忙于工作，因为不工作就没有收入，没有收入就没有办法养家糊口。还有很多父母限于自己本身的教育水平，虽然有想法，但不具备足够的能力教导自己的孩子。这些都是可以理解的客观现实。但是我们要警惕的是，即使家长非常忙碌，也不要完全把孩子交给电子设备。

在这里我举一个小案例。有一次在一家小店里，厨房里面有一个像是孩子妈妈的人在忙着，看起来年龄不大，耳朵上戴着耳机，一边忙工作，一边听音乐。外面的工作间坐着一个男人，看起来负责送外卖，也拿着一个手机在看视频。外间还坐着一个三四岁的小男孩，他左手拿着一个手机，手机的外放声音非常刺耳。小孩子无事可做就不断地刷视频。短视频一般十几秒长，有的视频孩子会看完，有的视频他可能不喜欢，看了几秒钟以后就用手指头上滑换到下一个。他就这样目光呆滞，机械重复地刷着手机。且不说这些内容会对孩子产生什么样的影响，单就是机械重复地刷视频这样一个动作，就会对我们的大脑产生很大的负面影响，更何况这是一个正在生长和发育的大脑。

这个小男孩个头很高，长得也很胖，但是语言能力和非语言能力发展得非常不充分，发音都不清楚。我不知道是否这个孩子天生语言能力就是这样，如果不是，那长期使用手机，其负面作用就非常显而易见了。

认知系统和情绪系统

大致而言，我们大脑中有两个系统：一个是认知系统，主要的工作部位在大脑的前额叶，也就是我们额头的下面部位；另一个是情绪系统，是以杏仁核为核心的一系列区域。

通过读书或者面对面的交流和学习所获得的信息，会同时经过认知系统和情绪系统，但大部分信息会通过我们的认知系统并经由其加工和处理，从而让我们的认知系统得到不断的发展。而从电视或手机上看到的视频，具有非常吸引人的声光电效果，这些信息更多地会被情绪系统所加工和处理，对于认知系统的刺激比较小。

举例而言，如果你看到一个词——"老虎"，你会对这个词所承载的意思进行解读和理解，同时在大脑里会想象出老虎的形象，甚至可能会想象出很多和老虎有关的事情或者故事情节。但如果你在电视上看到了一只老虎,你就有可能感觉到老虎这个形象所激发出来的情绪,例如害怕和恐惧。

就像数学是自然科学和工程技术的基础一样,心理学已经慢慢地成为人文科学和社会科学的基础,甚至在工程学领域发挥着重要作用,例如人工智能、人机互动、工程设计等。

在管理学领域,心理学中特别是有关人的行为分析、决策过程等的研究,更是构成了管理学理论的支柱。2002年,以色列裔美国心理学家丹尼尔·卡尼曼(Dainel Kahneman)获得了诺贝尔经济学奖。他的著作《思考,快与慢》涉及人的大脑如何运行以及决策是如何做出的。我听一位在美国加州大学伯克利分校工作的老师说,丹尼尔·卡尼曼曾经是他的邻居,同样区域的房子,卡尼曼在卖掉房子的时候要比其他邻居多卖出很多钱。我想这也许就是深谙人们决策心理机制的优势。

从2010年开始,移动互联网发展至今已经有10多年了。和我同龄的人大致经历了自1995年以后计算机的普及到互联网的使用再到移动互联网的发展。在互联网上,从最开始的腾讯QQ的应用,到后面的MSN以及各种实时聊天工具,再到微信,再到短视频时代,我们把越来越多的时间花在这些应用上面,时间一分一秒地就过去了,而我们恍然不知。大多数人所不知道的是,在我们把时间都花在这些网络应用的事实的背后,我们其实都逃不出计算机算法的控制,不可自拔地沉迷其中。这其中也有心理学的影子,那些被大众所喜爱的，必然是符合人本身的认知特点和心理需求的。

心理学可以帮助我们

网络红文《一切都是最好的选择》，原文载于《清华校友通讯》2020年春季号（第81期），题目为《1996级校友宋睿华：一切都是最好的选择》。这篇文章我是在微信朋友圈里看到的，我高中时候的老师，现在也是我曾经读的高中的校长，转发了这篇文章。宋睿华也是我高中校友，比我高一个年级，后来考上了清华大学。

宋学长的文章写得非常有趣，回顾了当时他们同班同学的很多趣事。在回顾中，宋学长说，她曾经给她的同学们发过一张小卡片。卡片上除了基本信息和照片，还请同学们填一下20年前的梦想、毕业20年的感悟，以及未来30年的愿望，同时还要描述一下对20年前大学生活印象最深的事情等。

在文章里宋学长说，1996年她刚入学的时候，作为大一新生曾经参与樊富珉老师所主持的心理辅导项目。樊老师作为心理系老师，在计算机系里挑选了两个班级，一个班经常上心理学课，而另一个班不上，以此作为对照组，目的是研究心理学辅导课程对大学生心理健康是否有明显的效果。

宋学长所在的计64班就是被樊老师所挑中的实验组，而另一个班——计62班作为对照组。宋学长回忆说，樊老师讲课的核心就是让大家不要在意成绩，无论考得好或者不好都没有关系。在期末的时候，他们惊讶地发现，计64班的平均分比计62班似乎低得多。所以当时大家都在调侃，原来上心理课效果真明显，就是教咱们不要上进，心安理得地接受差成绩。

但是在毕业以后，同学们回忆起这段特别经历的时候，都一致认为计64班学生的心理素质更好。"短期似乎影响了成绩，然而在漫长的人生里，难免会遇到不如意的事情。面对巨大压力和无力扭转的现实、那些困难的时刻，樊老师温柔的话语就像在我们内心种下了种子，悄悄然地长成了保护我们心灵的果壳。"大家对于樊老师20年前所给予的帮助抱有极大的感激。

在生活和工作中的很多方面，心理学都可以发挥作用。举个例子，有一次我在办公室看到很多同事站在一起，围着一个白板讨论工作。看到我来，同事们就问我："毕老师，我们即将发布学校年度10件大事，以视频的形式在媒体'秋茗会'上播放，但是这10件大事怎么排序，我们有不同的意见。"

我看了一下大家列出的10件大事，因为我自己后面还有会议，所以不能仔细地斟酌和给出详细的建议，但是我告诉他们，心理学中有首因效应和尾因效应。也就是说，当呈现一系列信息的时候，首先呈现出来的信息比较容易被记住，结尾部分也比较容易被记住。因为在这一系列信息的开始和结尾，受到的干扰比较少，但是在这一系列信息的中间部分，既受到开头信息的干扰，也受到结尾信息的干扰，就比较容易被忘掉。因此，在我们发布10件大事的时候，只要把我们想让大家记住的内容往前面放或者往最后放就可以了。

那些重要性相对较低的内容可以放在中间。同事们听了以后恍然大悟，排序问题迎刃而解。

虽然人是非常复杂的，每一个人在每一天都会面临非常复杂的环境以及环境中存在的各种变量。因此，心理学可能并没有办法像数学那样把很多东西精确地量化出来。但是心理学也越来越像理科，除了定性研究外还有定量研究。特别是在人的行为研究方面，可以通过定量研究揭示某一些人类不分种族、不分文化之下的作为人本身所具有的一些行为特征。特别是随着科学和技术的发展，对人类大脑的研究取得了越来越多的研究成果，甚至能够形象化地揭示出人类大脑的运作规律。而了解这些规律，对于我们更好地了解自己、更好地了解我们作为人在不同发展阶段所具有的生理基础和心理基础，对于我们的工作、学习和生活都是非常有帮助的。

另外，我要提醒大家的是，市面上所流行的很多书都会提到一些理论。对于这些理论，我们可以带着审视和验证的态度去看待，但是一定不要盲目相信。科学是不断发展的，科学研究的手段、设施和工具也是不断发展的。一个理论在当时的认知和实验条件下也许是对的，但是随着新的实验范式和方法的发展，可能已经发展出新的理论；又或者这个实验是有着具体条件的，不能一概而论地推广应用于所有场景。所以，我们学习理论，但是不盲从理论，而是以思考、辩证和分析的心态去应用理论。

举个例子，很多人都知道艾宾豪斯记忆曲线，并且也会尝试在工作、生活和学习中进行应用。根据艾宾豪斯记忆曲线，人们所记住的东西随着时间的推移会逐渐忘记,时间越长,能够记住的内容越少。但是很多人可能不知道,在有关记忆的研究中,艾宾豪斯所使用的素材是自己发明出来的,完全没有任何意义。艾宾豪斯之所以这样做,就是为了能够在做研究的时候避免使用已有的材料,因为已有的材料会对记忆效果造成干扰。

我们要知道,在我们的日常学习中,学习的内容和材料都是有意义的。所以后续在对有意义的材料进行记忆研究的时候研究人员发现,记忆虽然整体上会衰退,但在经过一定的时间后,会出现记忆加强的想象。这些内容在后续有关学习方法的章节里我会详细谈到。

有很多年轻的父母追逐西方所谓的养育理论。我的一个朋友就曾在自己的朋友圈里感慨,在生老大的时候,育儿理论流行"哭声免疫法"。意思是说,小孩子哭闹的时候不要去管,这样可以增强孩子的自律性,养成良好的行为习惯。到了生老二的时候,流行的育儿理论又说要增强孩子的安全感,在孩子一哭的时候就要赶快去抱。

盲目地遵从某一个原则,恰恰是犯了忽略具体的环境、背景和情形的错误。孩子在哭的时候,父母的第一反应不应该是去抱还是不抱,而是去想孩子为什么哭。因为对于还不具备语言表达能力的孩子来说,哭声和表情是他们和养育者之间交流的主要方式。哭声是为了引起养育者的注意。在哭声的表象之下,我们要思考孩子的具体需求是什么,而这正是我们作为养育者所需要担负的责任。

经典条件反射

心理学的发展大致经历了早期通过内省或者主观心理报告研究的阶段，然后发展到行为主义阶段，进而发展到认知心理学阶段。

行为主义的核心观点就是认为人在出生以后是一张白纸，可以通过一定的训练来养成行为模式，也就是说通过建立"刺激-反应"之间的关系来塑造行为。在这个领域有两个非常著名的实验范式，一个是经典条件反射，另一个是操作性条件反射。

经典条件反射就是大家所熟知的巴甫洛夫实验。这个实验的核心是将一个新的刺激和已有的刺激联系起来，从而使新的刺激和行为反应关联起来。实验一开始，狗看到食物就会流口水，这是狗的本能反应。这个时候如果单纯地摇铃铛给狗听，它是不会有反应的。在实验的下一个阶段，在食物呈现的同时摇铃铛，并不断地重复这个过程。在这个过程中，"铃铛声"这个新的刺激就逐渐和"流口水"这个行为反应建立了关联。在实验的最后阶段，不再给狗呈现食物，只是简单地摇铃铛，狗都会流口水。原有的"刺激-反应"关联是"食物-流口水"，通过训练以后新建立的"刺激-反应"关联是"铃铛声-流口水"。

另外一个比较类似的实验是心理学家华生所做的，当然，随着科学界对于道德规范的严格管控，现在这个实验应该不被允许做了。华生的实验对象是一个叫作阿尔伯特的小男孩。实验者在给阿尔伯特看一个白色毛绒玩具的时候，总会同时制造一声巨响，将孩子吓一跳。在这个过程重复多次以后，阿尔伯特只要一看到白色毛绒玩具就会大哭。原有的"刺激-反应"模式为"巨响-害怕并哭泣"，通过将巨响和白色毛绒玩具关联在一起，新的"刺激-反应"行为模式为"毛绒玩具-害怕并哭泣"。

操作性条件反射

操作性条件反射的经典实验就是斯金纳箱实验，这一类行为的塑造方式主要是在刺激和行为反应之间直接建立关联，其重要的措施就是奖励或者惩罚。

在一个经典的斯金纳箱里，有一只小白鼠。箱子的底部有金属的栅格，可以通电，这样就可以对小白鼠造成电击。在箱子的一侧有一个可以按动的杠杆，如果按了这个杠杆，就可以触发一个机关，让箱子上面食槽里的食物通过一个通道滚落到箱子里的食槽中，这样小白鼠就可以得到食物了。

实验中设定了不同的场景并记录了小白鼠的不同行为，罗列如下：

实验1：奖励

将一只很饿的小白鼠放入箱中，每次按下杠杆，则掉落食物。

结果：小白鼠自发学会了按杠杆。

实验2：惩罚

将一只很饿的小白鼠放入箱中。如果小白鼠不按下杠杆，则箱子通电。

结果：小白鼠学会了按杠杆。

实验3：固定时间奖励

将一只很饿的小白鼠放入箱中，由一开始的一直掉落食物，逐渐降低到每1分钟后按下杠杆有一定概率会掉落食物。

结果：小白鼠一开始不停地按杠杆。过了一段时间后，小白鼠学会了间隔1分钟按一次杠杆。

实验4：概率型奖励

将一只很饿的小白鼠放入箱中，多次按下杠杆，有一定概率会掉落食物。

结果：小白鼠学会了不停地按杠杆。

实验5：迷信的小白鼠？

好吧，其实实验5还是实验4——概率型斯金纳箱。

结果：小白鼠发展出一些奇特的行为习惯，如撞箱子、作揖、转圈跳舞。

行为养成

从日常生活的角度，我们如何理解以上所介绍的经典条件反射和操作性条件反射？

在此我分享一下自己的想法，不一定完全对，供大家参考和批评讨论。

我们来看一看家长辅导孩子作业这样一个典型的学习生活场景。我们都希望孩子热爱学习，在此我们把"作业"作为学习的一个典型活动，把"爱学习"作为一种行为模式来进行分析。如果孩子看到作业，就兴致盎然并积极主动，这应该是我们最想看到的。

但是，如果在孩子做作业的过程中，我们通过过于严厉的手段或者制造了紧张的气氛，并由此和孩子不断发生冲突，这其实就是经典条件反射实验中的"铃铛声"和阿尔伯特所听到的吓人的"巨响"。本来"作业"至少是一个中性的刺激，但是如果经常和一些负面的情绪体验联系在一起，那么即使以后没有了这些负面的情绪刺激，孩子一看到作业，也会马上产生不好的情绪感受，从而对学习有了抵触的情绪。

相反，如果我们在孩子做作业的过程中更有智慧和耐心，尽力营造一种积极和愉悦的氛围，那么对于孩子来说，做作业就是愉快的体验。

操作性条件反射强调了"操作性"，主要体现为用了"奖励"和"惩罚"作为操作手段。当斯金纳箱里面的小老鼠发现只要按了杠杆就可以得到食物以后，这种奖励会鼓励小老鼠重复这样的行为，从而可以不断地得到食物。当然，在第二个实验中，如果小老鼠不按杠杆，就会受到电击惩罚，它也可以养成按杠杆的行为。但是心理学家发现，如果后续不再继续强化，"奖励"和"惩罚"所带来的行为都会消失，但是"奖励"所养成的行为持续的时间要长一些。

生物的某种行为可以获得它所期待的结果，那么该行为出现的频率就会增加；相反，如果一种行为使该生物受到惩罚，那么该行为就会被抑制。

当行为出现以后，如果得不到强化，就会逐渐消退，逐渐恢复到最初的基础水平。强化的最佳时机就是紧随行为发生之后，可以理解为在孩子有了积极的行为表现以后马上给予肯定和鼓励。强化又可以分为两种，正强化和负强化。

正强化是指给予愉悦的刺激，从而促使某一行为出现的频率增加。负强化也是为了促使行为出现的频率增加，但是采用的方式是撤销或减少令人厌恶的刺激。举例来说，如果孩子在家里帮助家长做了家务，受到家长的表扬和奖励，这是正强化。我们在开车的时候如果没有系安全带，则汽车就会不断地发出滴滴滴的提示音，令人感到紧张，所以我们赶快系好安全带让这个声音消失，这是负强化。

手机等电子设备是学习生活中的"大敌"，但是随着社会的发展，又恰恰是无法逃离的环境的一部分。如今家长对于手机等电子设备所产生的负面作用的担心，其实很久以前在广播和电视出现的时候都曾出现过，当时对于沉迷电视的孩子也有过很多研究和报道。相比较起来，现在手机等电子设备更让大家所担心，是由于移动互联网的存在，这些设备会让孩子在沉迷其中的同时花费大量的时间，以至于对精神和身体造成极大的伤害。

网络沉迷和游戏成瘾，这是非常大也非常重要的专门领域，在此我不敢妄言。我想说的是，沉迷网络和游戏的孩子，很可能是因为在现实生活中缺乏某些东西，或者面临很大的压力，从而选择躲避在网络和游戏世界中，因为在这里，他们也许可以找到在现实世界里所没有的被尊重的感觉，获得成绩的满足感，或者被人关爱的社会认同感。

手机和游戏的设计，本身就是最符合人的天性的，例如对于获取信息的沉迷，可能是源于我们人类本身为了生存而需要随时关注环境中的变化；"好事不出门，坏事传千里"，则说明我们对负面信息的关注要大于对正面信息的关注，因为正面信息往往对我们的生存和发展无危害，而负面信息可能暗含着危险因素。手机可以随时随地提供给我们大量的信息，这些信息可以满足我们攫取信息的本能。同时，由于机器算法的缘故，手机上的各种应用程序不断推送我们所喜欢的信息类型和所认同的观点，从而不断强化我们对自己判断能力的自信和良好感觉。在游戏的设定里面，将任务切片分段，通过及时的肯定和奖励，来激发玩家持续玩下去的兴趣并不断给予满足感。

如果我们要和手机以及其他电子设备争夺孩子，也必须从孩子的心理满足的角度着手。如果一个孩子每天都得到了父母的充分陪伴，孩子可以在这个过程中得到令人愉悦的多巴胺体验，应该就不会那么容易陷入电子设备的世界里去。

第十章

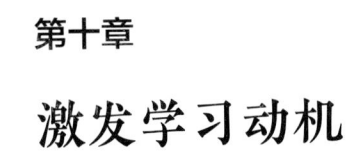

激发学习动机

使卵石臻于完美的,并非锤的打击,而是水的且歌且舞。

—— 泰戈尔《飞鸟集》

鸡飞狗跳的作业时间

我们经常听到一句话:"不做作业母慈子孝,一做作业鸡飞狗跳。"这句话似乎引起了很多家长的共鸣。

这样的事情你也一定没少听说。比如家里如果是一个孩子还好,如果是两个孩子,那么家长就会压力山大。2020年初的居家隔离刚一结束,很多家长就迫不及待地赶回办公室,大呼"我爱工作"。毕竟对于有娃的家长来说,很多时候还是上班轻松。

再比如我曾经在电台做节目的时候分享过的,同时也是我在和同龄的家长朋友们聊天的过程中多次验证过的,家长在辅导孩子的过程中,情绪会经历三个阶段:刚开始的时候,家长会拼命地暗示自己"要温和而坚定",这是第一个阶段;当小家伙的作业表现不如我们预期的时候，第二个阶段开始了，一股无名的怒火从我们心中升腾，正所谓"怒从心头起"，如果加上"恶向胆边生"，那小家伙的屁股就危险了；随着作业大作战的进行，特别是如果已经到了夜深的时候，忙了一天、身心俱疲的家长，即使再好的脾气也压不住自己的火气了，这个时候就是"火山大喷发"的第三阶段。

辅导作业的时间往往是家庭时间里最令人紧张的时间段，我也听很多家庭讲述了同样的场景。一般家庭里，妈妈辅导孩子作业的时间比较多。很多妈妈辅导孩子作业的时候，说话的声音不知不觉就会高起来。爸爸们往往不知道辅导作业的难度，还会劝妈妈们不要着急，要温和，实在烦不过的，就会说"我来"，结果自己的声音比妈妈还高，脾气还要大，最后迫不得已又把"烂摊子"还给妈妈。

更有甚者，在辅导孩子作业的过程中，出现了家长急得生病住院的情况。看到这样的新闻，可能很多人觉得太夸张了，但是对于家长特别是小学生家长来说，正是工作压力和责任最重的时候，还是要及时管控好自己的情绪。如果家长本身有基础疾病，务必控制好自己的情绪，以免发生意外。

越催越慢，再催熄火

孩子长到一定的年龄，都会开始有自己的想法，特别是开始进入青春期的时候，需要对自己的学习和生活有掌控感，需要有被大人尊重的感觉，他们希望能够按照自己的步骤安排自己的学习和生活。特别是在互联网时代长大的孩子，从小就可以接触到多方面的信息，而且具备很好的网络和计算机的使用能力。

每个孩子的能力和行为模式都是不一样的，性格也不一样，有的孩子做什么事情都快，有的孩子喜欢谨慎思考和慢慢行动。如果大家看过电影《心灵奇旅》，可能还记得里面有一个场景，描述的是那些小精灵在到达地球以前进入不同的建筑里面，出来的时候都被塑造成某一种性格。这样，每个小精灵都同时具备几种不同的特质，而到达地球成为人以后，就具备几种天生的特质了。

如果总是被催促，孩子可能会产生几种不同的反应，其中一种是逆反行为。就像我们在路上开车的时候常常看到的那样，前面的车因为后面的车不停地按喇叭，故意降低车速以示抗议，或者干脆比较极端，直接原地熄火。

在家长和孩子的关系中，孩子总是处于弱势的一方。在家长的威严或者严厉的管束之下，孩子可以采用的反抗手段并不多，但是孩子永远可以用一招来反抗家长，就是磨磨蹭蹭、消极怠工。所以如果看到这种现象，我们就要反向思考，看看自己是否有些地方做得不好，有没有需要改进的地方，是否需要和孩子好好谈一谈，发现问题的症结所在。

管孩子是个技术活儿

现在是网络信息时代，我们的生活中充满了大量的物品，电子产品也极大地丰富了。1995年我国开始普及个人计算机，2000年前后互联网普及，2010年前后移动互联网普及，之后出生的孩子从一开始就浸泡在一个充满大量移动互联网设备的环境之中。

在生活中，我观察过很多小小孩，他们甚至在连话都不会说的时候，就开始拿着手机刷一刷、点一点了。小孩子最喜欢的是手机上各种各样的应用小游戏。当孩子很小的时候，年轻的爸爸妈妈的苦恼之一就是没有自己的时间。所以很常见的一个情景是，在聚会上，为了能够有片刻的安宁，大人们都会放任孩子们在一旁玩手机。

另外，大人们自己也是手机的深度爱好者。从孩子的视角来看，手机显然是天底下最好玩的东西，因为大人们也经常抱着手机不放。但是等到孩子进入学业负担比较重的阶段，问题就来了。如果把电子设备给孩子，很可能出现孩子沉迷其中不可自拔的情况。但是完全不给孩子玩也不现实，因为当孩子大了以后，玩什么样的游戏，平时做什么样的事情，这些也是社交活动中的一部分。况且，电子设备上的东西也不都是负面的。玩游戏到底是好还是坏，其实是一个很难回答的问题。但是很明显且毫无疑问的是，长时间玩游戏一定是一件坏事。

那该怎么办呢？

我自己采用的一个方法叫作积分制。在疫情暴发以后的居家工作期间，小孩子们居家学习，那是一定要通过iPad或者电脑来上网课的，做好的作业也要拍照上传给老师看。这个时候，我相信就是对家长的终极考验。

我首先跟孩子们约定每天要完成哪几项事情，然后列在清单上。如果每天保质保量，按时完成了这些学习任务和作业，就可以赢得相应的分数，举个例子，15分。这15分每天都会累积在一个小小的笔记本上，这15分可以兑换为1元人民币，或者兑换为1分钟使用电子设备的时间。同时我们给予孩子的权利是随时可以兑换，这样就保证了孩子们有一定的自由度。但是也有一定的限度，既有外在的约束和内在的动机，又让他们通过自由使用积分培养自我管理能力。

我记得小时候教室墙上有小红花榜。对于小学阶段的孩子来说，会特别珍视班级的荣誉。因此，小红花榜作为积分的一种形式，对于好的行为进行奖励，即使没有物质奖励，只给一朵小红花，也会给孩子带来非常大的动力。例如，对于学雷锋行为，学校会给予额外的加分。这些分加在一起，会影响评"三好学生"。从动机激励的角度来说，我们要区分是内部动机还是外部动机。我们所想要的是让孩子产生内部动机。但是在小孩子比较小或者还不能够一下子产生良好的内部动机的情况下，外部动机的激励和鼓励也是必要的。我们可以通过外部动机的奖励，促使孩子做出一定的行为。当这些行为不断地重复以后，就会形成习惯。但是我们也要非常清楚，不要过分依赖外在动机。

例如很多时候，家长为了鼓励孩子认真学习，就会跟孩子谈条件。比如说你这个礼拜好好学习，我就给你买某一个玩具或者其他东西，如果你这个学期成绩也非常好，我就给你什么样的奖励。这些奖励的效果是毋庸置疑的，但是如果孩子习惯了这样一种奖励方式，有可能产生一个后果，就是孩子所做的一切都是为了得到某种奖励。如果孩子看到这件事情做完了以后没有直接的奖励，那他可能就不再愿意去做了。

积分制是一个很好的方法，但我们不要忘记积分的目的，是促进良好的行为。孩子在短期内可能为了拿到积分去做我们所希望他们做的事，所以拿到积分是孩子的短期目的，并不是我们的目的。我们是要通过积分这样的方式促使孩子产生积极有效的行为，并且通过不断地重复和固化这样的行为，改变他的行为模式，让他养成一定的习惯。在这个过程中，要慢慢地淡化对于积分的强调，让孩子慢慢地去体会、去感受完成了一件事情以后的愉悦感、荣誉感和自我满足感，由此慢慢地把外部动机转化成内部动机，把"要我做"变成"我要做"。

SMART 原则

SMART 原则是我们非常熟悉的工作方法。

S 代表具体的（Specific）。我们在工作中给出工作任务的时候，一定要清晰、具体。假如软件工程师在设计开发一款软件的时候，没有明确的、具体的需求，那简直就是一场灾难。在软件开发领域也确实有因为甲方需求不明确而导致项目失败或者项目无限期延长的案例，造成作为开发者的乙方的经济损失。

如果沟通内容不具体，就会造成大家对于要达成的目标模糊不清，都凭着自己的理解去进行，等工作任务完成后造成矛盾和冲突。在教育孩子的过程中，如果单单跟孩子讲要好好学习，那其实相当于什么也没有说。因为对于"好"的理解，100个人可能有100个不同的解释。所以我们需要对任务和目标进行明确的分析和说明。比如学习语文，什么叫好好学习语文？我们可以把任务分解为：所有的生字会写，重点课文的段落会背，作文契合主题且语言流畅。

我们在给孩子布置学习任务的时候，也一定要清楚地告诉他们所需要完成的项目以及要考核的标准。2020年初新冠肺炎疫情居家期间，学校通过网络给孩子发布各种各样的任务。这些都需要家长通过手机接收以后再告诉孩子。在这期间，我用一个笔记本，每天把孩子需要做的作业一项一项地写在上面。这样每天跟孩子一起来检查、打钩，该拍照上传的拍照上传，该由家长检查完成的签字确认。

M代表可衡量的（Measurable）。我们同样举一个写字的例子。我们要求孩子把字写好、写规范。可是什么叫作"好"？什么叫作"规范"？可能在大人和孩子的眼里是不一样的。这个时候就需要用某一种字体作为衡量标准。如果没有一个可衡量的标准，就可能会产生孩子觉得自己完成了，但是家长觉得没有完成的情况。这个时候，家长很生气，孩子却觉得委屈。

A代表可达到的（Attainable）。给孩子布置工作任务的时候，结合我们之前讲过的"最近发展区"理论，我们要给他们布置一些任务，是他们努力地跳一跳就可以够得到的。如果我们设定的目标过于宽广、过于困难，孩子即使经过非常大的努力也达不到，往往就会产生挫败感，丧失兴趣和积极性，而这显然是我们不想要的。所以在下一节我们会讲，从游戏设计里学习动机激发，也就是学习把大的任务分解成一个一个的小步骤，而每一步都是孩子经过努力可以获得的。

R 代表相关的（Relevant）。也就是说绩效是和目标相关联的。

T 代表有时间要求的（Time-bound）。我跟孩子约定，在晚上 8:30 之前完成所有的作业。经过检查、签字以后，晚上 8:30 到 9:30 之间就是孩子的自由时间。同时，对于自由时间孩子可以做的事情也进行了明确的约定。

从游戏设计里学习动机激发

动机，有外部动机和内部动机两种。外部动机更多地依赖于环境中的鞭策和驱动，一旦这些外在的力量没有了，动机也就相应地消失了。例如给孩子奖品，可以激发孩子的动机，但是奖品所带来的满足感会逐渐弱化，再大的奖励所能带来的满足感和兴奋感也会逐渐消退。如果孩子不再对物质奖励感兴趣，那么家长也很难再通过物质奖励来激发孩子的动机。

真正解决问题的是内部动机，这是一种自发的来自内心的愿望。在此，我们可以将目光转向游戏，从动机激发的角度来看游戏的设计。

第一，游戏的难度不会很大。如果一个游戏的难度很大，玩家很快就会丧失兴趣。所以游戏里面的大任务都是被分解为一个一个的小任务，通俗地讲就是"关"，打过去就叫作"通关"。想一想，给予适当的难度，吸引玩家努努力才能完成，这和"最近发展区"的概念是不是很相近？给孩子一本书，让他一下子看完，孩子就被吓跑了。带着孩子每天读一个小节，孩子更能坚持下去。

第二，游戏的难度也不会太低，否则玩家觉得没有意思，产生不了成就感，没有多巴胺喷涌的兴奋感。

第三，所有的游戏都会给予玩家即时反馈和奖励。或者是金灿灿的金币，或者奖励分数，让玩家的成就能够被看到，自己的努力成果可以被具象化。其实奖励也符合我们之前讲过的"强化"行为的原理。视觉里看到的金币，那种财富增长的感觉也可以进一步刺激多巴胺的分泌，从而渴望获得更多的金币。

第四，游戏有一定的竞争，游戏本身也符合人类的天性，有一定的"战斗"意味在其中。游戏的匿名性很好地保护了玩家，避免玩家产生被评价的压力，但是好的成绩可以进入排行榜，产生自尊感、荣誉感和成就感。

以上这些方面，我们在考虑激发孩子的学习动机的时候都可以参考。

为未来而学习

我来到了一个陌生的地方，认识了一些新的朋友，他们带我到处参观，我惊讶地发现，这里的孩子们都在忙着自己的事情。我问朋友们："这些孩子不上学吗？"他们惊讶地问我："什么叫上学？"我说："就是孩子们每天按时去学校啊！学校就是教授知识的地方啊！"这些新的朋友明白了，他们告诉我："这里的孩子虽然不去学校，但是每天都在学习，只不过是按照自己长大以后所要从事的事业所需要的技能来学习的。当然，借助于技术，孩子们学习的资源是非常丰富的。"

你不要问我这个地方在哪里，这是某一天我中午休息的时候脑子里半睡半醒幻想出来的。我仔细想了一下才知道我为什么会想到这些内容，因为最近孩子在学习一元一次方程，而我就想到了二元二次方程，以及小学和中学时学的数学知识，在我工作以后似乎从来也没有用到过。

我还想到了很多的课程，考完试以后几乎都忘记了。我在本科阶段学习材料科学与工程，具体来讲就是无机非金属材料专业。学习这个专业是因为我考大学的时候自己一个人胡乱报专业而被调剂录取的，拿到录取通知书的时候我压根不知道这个专业到底学什么。我的硕士专业是我自己选的，其实也是我本科阶段就想学的——计算机信息系统专业。到了博士阶段，我则完全凭兴趣读了一个心理学的学位。从我自己的经验来看,这几个阶段的学习,从专业知识的角度来说,似乎并不是环环相扣的。而且,随着信息网络时代的到来,我们可以完全地掌控自己的学习节奏,即使不到课堂里听课,也可以通过网络完成自己的学习目标。

那么下一步需要思考的问题就是,既然有相当一部分人在大学里学习的专业和之后所从事的工作没有太大相关度,那么花费十二年的时间来准备高考,又花费四年或者七年的时间完成本科或者硕士阶段的学习,这个时间成本是否太大了?

当然,回想起来,我仍然觉得大学阶段的生活和学习经历是非常宝贵的。在大学的四年里,我们可以为完全独立的社会生活做准备,并通过各种各样的活动来发展自己的社会能力、思考能力和解决问题能力。

本书的最后,我想讲一个"五兵王子"故事。

传说古时候有一位王子,跟着老师学习武艺。王子学习得非常努力,精通五种武器,以优秀的成绩毕业,被称为"五兵王子"。

王子告别了师父回家,途经一片森林。所有的人都告诉王子,不要进入这片森林,因为森林里面住着一个食人魔。王子想,我可是"五兵王子",我怎么会怕食人魔?于是他坚持走进了森林。

王子和食人魔相遇了。食人魔非常高,长相恐怖,而且头发特别长,又长又黏。王子使用了各种武器和食人魔战斗,包括弓箭、长枪、剑和木棍,结果这些武器都被食人魔的头发给黏住了。王子使出了自己最后的武器,也就是他的拳头和双脚,还用头去砸食人魔，结果双手双脚和头都被黏在了食人魔的头发上。

食人魔对王子的英武感到佩服，就问他为什么不害怕自己。王子说，我还有一种武器，就在我的头脑里，那是一道闪电。如果你吃了我，闪电就会划开你的肚子，你也会死去。

食人魔听了以后很害怕，就放了王子。而王子也趁机点化了食人魔，食人魔变成了森林里的一个精灵。

其实，这个"五兵王子"的故事就是佛教中释迦牟尼的前生故事之一，而"闪电"就代表智慧。食人魔的黏头发代表这个充满各种烦恼和麻烦的娑婆世界，因此你越是使用拳头和刀剑这样的手段，你和这个娑婆世界的纠缠就越紧密，只有依靠头脑里的智慧才可以解脱。

这个故事记载在坎贝尔的《千面英雄》这本书里。我们每个人都是自己人生中的英雄，要经历自己使命中的冒险，成就自己独特的人生。

后　记

在《蛤蟆先生去看心理医生》这本书里面，作者罗伯特·戴博德借书中人物的口说："孩子是成年人的父亲"。书中的心理医生苍鹭所说的这句话意旨我们童年所体验到的最强烈的情绪，不可避免地变成我们成年后经常有的感受。

读一本书，看到一些话，觉得很好，还认真地做笔记，但是未必能够真正记住这些话，更未必真正理解这些话。如果经历了很多事情，全身心地投入一些事情，甚至要经历一些苦难、挑战、磨难，我们才会真正明白之前听过的道理。我从孩子的成长中看到了我自己的问题，从孩子所表现出来的行为中看到了我的影子，从孩子的包容和爱中看到了我的不耐心和急躁，甚至从孩子的言语中领悟到一些生活的智慧，这就是我对于"孩子是成年人的父亲"的解读。

2020年这本书的写作刚开始，席卷全球的新冠肺炎疫情就暴发了。居家隔离造成家长居家办公和孩子在线学习，繁忙的工作和来自孩子学校的各种各样的家长群指令，让很多人彻底崩溃了。居家隔离，一家大小朝夕相处，个人的空间没有了，也容易放大矛盾，让小问题成为大问题，让隐藏在"上班和上学长时间地、规律地分离"背后的矛盾和冲突释放出来。这个问题是普遍存在的。

写这本书的初衷源于我在疫情期间在一些场合所做的分享得到了大家的认可。正是得益于这些认可和鼓励，我才斗胆将自己一些浅薄的想法分享出来。从积极的方面来看，问题的出现是好事，因为认识和发现问题是促成改变的开始。这样一场百年不遇的全球疫情，也促使很多人重新思考自己的生活和人生态度，从而做出了积极的改变。反过来看，在疫情按下"暂停键"以后再"重启"，也许可以成就一个更好的自己，具备更多的智慧。

孩子对我们的爱是不求回报的，孩子对我们的爱是那么深，孩子对我们成年人所犯错误的包容是那么大，因此我通过反思看到了自己曾经的无知。通过陪伴孩子成长，我们也能够成为更好的、更成熟的自己。

孩子就是我们的镜子，但只有虚心的父母才能够从中看到真实的自己，只有通过对孩子的爱和关注才能够真正地做出改变。

人到中年，可能突然之间就会有一种失去奋斗方向的感觉，"停杯投箸不能食，拔剑四顾心茫然"。我曾经读到过一个生物学观点，可以作为一家之言：人到了四五十岁，孩子们都长大了，因此从生物学层面解释，我们失去了原始的因要养育孩子从而努力奋斗的动力。当然，很多人现在已经不再需要为了衣食住行而奔波，但是仍然要解决自己内在动力的问题，进行"空中加油"和"换挡"。

这个世界有三重关系：我们和世界的关系；我们和他人的关系；我们和自己的关系。在三重关系之中，最重要的是我们和自己的关系。当这个关系处理好了，其他两重关系都不是问题。

我要感谢2021年，这一年，来自各个方面的前所未有的压力和挑战，让我的抗压能力更强，但是内心变得更加柔软，思维变得更为清晰。当你遇到一次考验的时候，往往也会碰到伸出援手的人。在过去一两年间，我有幸认识了一些智者，他们及时地为我指点迷津。只要心存善良和饱含善意，就能够和这样的机缘建立连接；只要虚心和谦和，就能够从他人处得到智慧。当我开始写这本书的时候，只是想着能给自己的著作清单添加一行记录；当我在快写完这本书的时候，我有了一个更大的心愿，希望能够尽量多地帮到那些处于亲子教育困局中的人，让尽可能多的人受益。源于心理学专业知识的缺失，很多父母在孩子出现了严重心理问题的时候，一味地想把孩子推回所谓的"正轨"，甚至没有意识到孩子可能已经处在危险边缘。

生活中总是充满烦恼甚至痛苦，如果着眼点只在自己身上，看这些烦恼就都是烦恼、是麻烦、是羁绊；如果心中有了更大的目标，似乎身心都能充满力量去攻坚克难，"以苦为乐"，这似乎也是解决中年动力"升级换挡"，处理"我们和自己的关系"的一个路径。

这本书是我当前认知水平的体现，也许再过几年回看这本书，会觉得幼稚可笑了。一家之言，如果您看到了本书的疏漏甚至谬误之处，也请多包涵。

把握好自己，做好自己，成为孩子的好伙伴和真朋友。不慌不忙，每日进步，来日方长。

越来越好！

图书在版编目（CIP）数据

亦师亦友，家长可以这么当/毕新著.--北京：
中国人民大学出版社，2022.9
ISBN 978-7-300-30701-5

Ⅰ.①亦… Ⅱ.①毕… Ⅲ.①家庭教育 Ⅳ.①G78

中国版本图书馆 CIP 数据核字（2022）第 094292 号

亦师亦友，家长可以这么当
毕新 著
Yishi Yiyou, Jiazhang Keyi Zhemedang

出版发行	中国人民大学出版社				
社　　址	北京中关村大街 31 号		邮政编码	100080	
电　　话	010 - 62511242（总编室）		010 - 62511770（质管部）		
	010 - 82501766（邮购部）		010 - 62514148（门市部）		
	010 - 62515195（发行公司）		010 - 62515275（盗版举报）		
网　　址	http://www.crup.com.cn				
经　　销	新华书店				
印　　刷	北京七色印务有限公司				
规　　格	148 mm×210 mm　32 开本		版　次	2022 年 9 月第 1 版	
印　　张	7.75 插页 1		印　次	2022 年 9 月第 1 次印刷	
字　　数	155 000		定　价	29.80 元	

版权所有　侵权必究　印装差错　负责调换